托马斯·沃森传

朱丹红◎著

时代文艺出版社

图书在版编目（CIP）数据

托马斯·沃森传/朱丹红著. —长春：时代文艺出版社，2015.12（2023.7重印）
（世界商业名人传记丛书）

ISBN 978-7-5387-4839-0

Ⅰ. ①托… Ⅱ. ①朱… Ⅲ. ①沃森，T.J.—传记 Ⅳ. ①K837.125.38

中国版本图书馆CIP数据核字（2015）第210462号

出 品 人　陈　琛
责任编辑　徐　薇
装帧设计　孙　利
排版制作　隋淑凤

托马斯·沃森传

朱丹红 著

出版发行／时代文艺出版社
地址／长春市福祉大路5788号　龙腾国际大厦A座15层　邮编／130118
总编办／0431-81629751　发行部／0431-81629755
官方微博／weibo.com／tlapress　天猫旗舰店／sdwycbsgf.tmall.com
印刷／北京市一鑫印务有限公司
开本／710mm×1000mm　1／16　字数／150千字　印张／12
版次／2015年12月第1版　印次／2023年7月第3次印刷　定价／36.00元

目录

序言　IBM帝国缔造者 / 001

第一章　童年与推销

　　1. 艰辛童年 / 002

　　2. 第一份工作 / 004

　　3. 那个叫巴伦的男人 / 008

　　4. 幸运的转折 / 011

　　5. 在现金公司的日子 / 014

第二章　邂逅美丽爱情

　　1. 黄金单身汉 / 020

　　2. 与爱相遇 / 023

　　3. 最成功的推销 / 026

　　4. 婚后甜蜜生活 / 033

第三章　初识IBM

　　1. 帕特森的怪脾气 / 040

　　2. 离开现金公司 / 042

　　3. 偶遇弗林特 / 045

　　4. 一份绅士的薪水 / 051

　　5. 公司走出泥沼 / 053

第四章　雷厉风行发家史

1. 更名IBM / 058

2. 走在行业的尖端 / 060

3. 应对经济大萧条 / 063

4. 日进斗金的人 / 067

5. IBM销售学校 / 071

第五章　父与子

1. 顽劣的小沃森 / 076

2. 火车上的教育 / 078

3. 为了儿子上大学 / 081

4. 宽容的慈父心 / 084

5. 信中的爱 / 087

第六章　战争的乌云

1. 希特勒的勋章 / 092

2. 直面战争 / 096

3. 小沃森参军 / 099

4. 不发战争财 / 105

第七章　争吵中的慈爱

1. 汤姆归来 / 110

2. 历练和帮助 / 113.

3. 两个儿子的平衡 / 116

4. 最厉害的一次冲突 / 120

5. 常有的吵闹 / 123

第八章　计算机之父

1. 计算机时代 / 128

2. 奇异的庞然大物 / 131

3. 一个时代的结束 / 134

4. 进入电子行业 / 138

第九章　人死心犹在

1. 反托拉斯斗争 / 146

2. 退居二线 / 150

3. 死神逼近 / 154

4.死亡与葬礼 / 157

第十章　IBM 征服世界

1. 小沃森的领导 / 164

2. 小沃森退休 / 167

3. 远航与飞行 / 170

4. IBM继续起航 / 174

附　录

托马斯·沃森生平 / 178

托马斯·沃森年表 / 180

托马斯·沃森传

托马斯·约翰·沃森，一个光彩熠熠的名字，一位美国传统的商业精英。他成长和成功的经历和那个时代高度契合。

作为一个商人，沃森在最恰当的时候抓住了机会。关于商业管理，沃森自己有一套十分独特的认识。

沃森给自己的公司建立了一套十分特别的商业规范："人员定理"；IBM也由四个大的部分组成：雇员、顾客、社区和股东。他发现并认可了企业的各种文化在工作中所起到的作用。和他同时代的福特一样，沃森为企业管理——这门发展到今天的学问，奠定了坚实的基础。

性格中的自信极大地增加了沃森在事业上成功的可能性。沃森勤于总结，并在自己过往的经验当中得出一个真理：一点儿运气+一点儿疯狂+时刻准备+努力工作=获得成功的幸运。

和别的商业大亨不同，托马斯·沃森并不是一个含着金钥匙出生的富家子弟。他的父母都是农民，在社会的最底层用自己的劳动仅仅能使全家人果腹，富有销售能力的儿子沃森和他们完全不是同一类人。沃森日后的成功恰好证明了一点——一个人的才能和家庭环境其实并没有多大的联系。

出身贫寒的沃森年仅17岁就开始帮人推销，在获得了一定的成就之后，沃森逐渐做大，加入生平第一个大公司NCR。在公司老总帕特森的亲自指导下，他的销售能力日趋成熟，薪酬也水涨船高。在商场中十几年的磨炼使沃森逐渐成长为一名商业巨擘。

如果他的一生按这样的脉络顺利发展的话，IBM公司的传奇也将无法上演。时至中年，心已不惑，沃森却在此时遭遇了人生中的一大打击，他被原来公司的老板帕特森无情地解雇了。

但是，巨大的中年危机并没有打倒沃森。他说："这里（NCR）的所有的大楼都是我协助筹建的。现在我要去另外创一个企业，一定要比帕特森的还要大！"

许下豪言壮志，他带着妻儿前往纽约打拼，在这里，他遇到了生命中最重要的伯乐——IBM前身的奠基人弗林特。

弗林特是华尔街著名的金融家，有着"信托大王"之称。当时，他的名下有一个计算机制表公司（CTR），因为经营不善，几近倒闭。

沃森便是在这个时候临危受命的。商海浮沉，苦心经营，这个倔强的男人没有被逆境打倒，他凭着过人的商业天赋顺利将公司扭亏为盈。CTR在度过最初的艰难岁月后，业绩开始迅速增长。

1924年，时任公司总经理的沃森将公司更名为国际商用机器公司，简称IBM。IBM就这样诞生了！因为出色的能力，他一直是IBM的主心骨，并成为全美收入最高之人。

漫漫人生路，他用一生书写传奇。这就是IBM的缔造者，这就是世人心中的蓝色巨人，这就是托马斯·沃森！

第一章　童年与推销

1. 艰辛童年

IBM，美国国际商用机器公司，是当今世上最大的信息技术和业务解决方案公司。

辉煌的企业总有不为人知的奋斗史，IBM也不例外。20世纪20年代，它不过是个不足千人的小公司，短短50年的时间，便一跃成为美国最大的企业之一。而这一切，与一个人的努力是分不开的，那便是其创始人托马斯·约翰·沃森。

托马斯·约翰·沃森是一位美国商人，他用独树一帜的出色管理成就了家喻户晓的跨国电脑公司，堪称商业奇才。如今，他的管理箴言，依旧被各大公司奉为金科玉律。

只是，鲜为人知的是，叱咤商坛的托马斯·沃森并非含着金钥匙出生的天之骄子，他用一生的传奇经历，向我们展示了典型的"美国梦"。

1874年2月17日，沃森出生在美国纽约北部的一个贫困农民家庭，父母皆是苏格兰移民。和同龄人相比，上天没有给他温暖而富裕的家庭，他从一出生便被剥夺了拥有幸福童年的权利，连学也没有上过几天。

沃森的父亲是地地道道的农民，一辈子只靠伐木和种地谋生。只是，这种严重耗损体力的工作换来的薪资却仅够全家人勉强果腹，哪还有余钱去供子女们读书？

沃森还有4个姐姐，他们一家住在缺少自来水的小木屋里，生活设施简陋，但他们从无抱怨。我们无法选择自己的出身，但能决定自己的未来，即使是如此压抑窘迫的环境，沃森依旧倔强而健壮地成长起来。

当然，沃森小时候也会懊恼沮丧。自懂事起，贫穷的压迫便让他深刻体味到生活的沉重，他觉得，命运之神在向他宣告：这一生都将被艰辛的工作充塞，体面的生活和幸福的未来注定与自己无缘。

但他并未就此气馁，艰苦的童年生活并没磨去他对生活的热情，他天生乐观，发誓要用自己的双手改变生活的现状。很显然，这是沃森的可贵之处，他并未如父辈一般安于现状，遇事只会感叹命运无常，他要去寻求改变命运的方法！

为了减轻父母的负担，他很早就开始在社会上做兼职补贴家用。17岁那年，他成了一家五金店的推销员，开始赶着马车满大街销售钢琴和缝纫机一类的东西。当时，推销并不是什么体面的工作，经常会被人看不起，但他笑对所有的冷嘲热讽，他说："一切始于销售，若没有销售，就没有美国的商业。"

他是感激这段经历的，哪怕后来IBM拔地而起，功成名就。在他看来，童年的贫寒让他学会自立自强，早年的推销生涯也使他增加了许多历练，这为他的计算机事业奠定了坚实的基础。

或许，特立独行的他天生便有着不同于旁人的野心和头脑。刚满18岁的时候，他便十分清楚自己的能量，他要改变，改变自己，改变命运，他要在更加广阔的世界里自由翱翔！

是的，他是与众不同的，他所拥有的睿智头脑，绝不是一个乡村货郎可以比拟的，他的野心会推动他不断向前，直到掌控整个IBM帝国！

2. 第一份工作

托马斯·沃森的第一份工作是推销员。他的老板叫布朗森，搞五金生意，为了方便工作，布朗森借给沃森一辆马车，任他走街串巷地宣传吆喝。

那年他17岁，老板每个礼拜给他12美元的工资。这当然不是很多，但对一个贫寒的农民之家来说，却是一笔不小的补贴。当然，这并不是他选择这份工作的主要原因，目标远大的他，想要的是广阔无垠的天空。

沃森明白，远大的梦想需要不懈地坚持。所以，当他听说80%以上的富豪都做过推销员时，他也毫不犹豫地选择了推销工作。虽然后来他发现这份工作异常辛苦，需要挨家挨户上门拜访，但他依旧起早贪黑，每天都干得十分卖力。

有所付出，就会有所收获。正是这项"叫卖小贩"的工作，让他学会了与不同的人打交道的有效技巧，这种技巧对他日后的成功产生了深远的影响。

在走街串巷的推销过程中，他还逐渐形成了一个新的理念：靠不正当手段所获得的成功，是不值得别人尊敬的。因此，他从不像有些推销员那样，为了达到推销目的，试图将商品硬塞给人家，这是他的特别之处，也是他打动客户的地方。

沃森认为，一笔好的生意应该使买卖双方都能受益。这正是他一直坚持的基本原则。在生意场上，他总是尽力站在用户的角度考虑自己的推销方式，以达到双方受益的目的。

比如，当时的农户们并不富裕，他们在购买钢琴、缝纫机这类贵重商品的时候，往往会出现现金不足的情况。但是，细心的沃森发现，虽然农户们手头的现金不多，但他们却有很多的粮食和家畜，因此，他便发明了一种新的交易方法，即允许客户用牛、马、燕麦等支付账单，然后他再将这些东西拿到市镇上出售，换回现金。

显然，这样一来，他要付出比正常交易多出一倍的辛苦，但他不怕，因为生意做成以后，买方和卖方都很满意，这才是他最想要的结果。

这样先进的理念，加上他的勤劳苦干，使沃森的客户群越来越大。就这样，他成为本地最优秀的推销员之一，只是，他的收入并没有随着业绩一同增长。

其实，刚开始的时候，他并不觉得一周12美元是个小数目，毕竟镇上的出纳员也没有这么多工资。但是，有一天他遇到了风琴公司的一个推销员，闲聊之时，这个推销员问他："你干得真不错。你每周拿多少钱？"

于是，托马斯自豪地报出了自己的工资数，却没想到换来对方大跌眼镜地叹息："你被人耍了！"

接着，风琴公司的这个推销员告诉他，推销员拿的应该是佣金，而不是固定工资。如果按佣金计算，布朗森每周应该付给沃森65美元，这可是12美元的5倍还多！

对此，沃森很是气愤。第二天，他便辞了工作，他想得很简单，那就是为自己的工作能力找一位慷慨的老板。

这便是托马斯·沃森的第一份工作。在这段非凡的经历中，他成长了很多，也学到了很多，至少在以后的工作之中，他总会尽力争取佣金的报酬方式，以确保拿到自己应当得到的工资。

他说，雄心大志是一步步产生的。是的，在工作过程中，他见的世面越大，进取心也就越强。在沃森的记忆里，有一个画面永生难忘：年仅几岁的他站在泥泞的道路旁，目送科宁玻璃公司的创办人小霍顿先生的马车从眼前疾驶而过，那一刻，他的心里幻想的是将来自己也会拥有一辆马车。

时间一直在走，他也不断成长，闯过几道关口后，他成了一名现金出纳。后来，一个偶然的机会，他结识了一名来自芝加哥的律师，在律师的热情邀请下，他去了律师在密歇根湖畔的豪华住宅做客。

这是沃森第一次见到如此富丽堂皇的房间，心中十分震撼。所以，当律师告诉他自己也是农家孩子出身时，沃森便在心里暗暗发誓，自己也一定要成功！

只是，成功从来不会轻易来临，最初的几年，他的人生夹杂着无数的失败与失意。

那年，他年仅19岁，只身到布法罗找工作。当时，布法罗是个混乱野蛮的地方，经济状况可以说是一片萧条，在很长时间里，他都没有找到合适的工作，很快便陷入了经济的困境，只得做些杂工，栖身于破旧简陋的小楼之中。

后来，当他回忆起这段岁月时，曾对儿子小沃森说过，出于生存需要，有时自己不得不睡在杂货店地下室的海绵堆上。另外，当时他只有一件西服可穿，每每有钱洗熨衣服时，便只能穿着内衣在裁缝后边等待……

谁也想不到的是，这个连自己的最基本生活需求都无法满足的年轻人，会在多年以后成为IBM的创始人，创造出美国的国际商用机器公司，如今不仅是在美国，同时也是在世界上最大的商业用途的机器公司。

对于我们中国人来说，商用机器这个概念还有点儿陌生，但在西方国家，它是伴随商业经济发展的一个重要产物，有着一段很长的历史。

顾名思义，商用机器即是运用在商业和财政金融等相关服务部门的机器，早年主要包括打孔机、现金出纳机、制图机等。到了20世纪40年代后期，电子工业的发展和计算机类的诞生使得商用机器实现自动化，这是一次本质上的革命，使得工作效率得到了极大的提高。更主要的是，计算机的应用也使科研能力发生了翻天覆地的变化。

这就是人类工业发展史的第三次浪潮，IBM恰好置身于这一革命大浪潮之中。从某种意义上说，IBM正是这次工业发展的缩影，完全可以被称作是电子计算机工业和商用机器的化身。

从20世纪20年代不足千人的小公司，到70年代的美国标志性企业，这便是传奇的IBM。在这个世界上，很难找出另一家同类型企业，如IBM这般历史悠久，也很难找出哪个公司，如IBM这般典型而完整地反映出工业的发展史。

因此，当你对IBM整个发展史有所了解后，一定也会对整个电子和计算机行业有一个大概的认识。

当然，一个庞大如斯而又历史悠久的大公司，它独特的成功经验是与管理者钻研出的经营之道分不开的，而托马斯的故事，也是与IBM分不开的，希望这样的创业故事能令你兴趣盎然。

3. 那个叫巴伦的男人

在布朗森的五金公司，沃森凭借自己的勤奋、超乎常人的勇气、疯狂和热情，以及只属于他的诚实推销的方法，赢得了消费者的信赖，客户群开始日趋扩大。很快，他便在业界闯出了一片天，这个充满希望的年轻人对未来的野心也越来越大。

他辞职了，因为薪酬待遇的不公正。尝过辛勤工作结出的硕果滋味后，他相信凭借自己的过人天赋，出人头地是指日可待的事。

此时的托马斯·沃森年轻而野心勃勃，他对未来充满了热情和规划，梦想着通过自己的不懈努力，建立属于自己的商业帝国。

所以，他去了布法罗城寻梦。当时，布法罗城是刚刚兴起的大都市，整个城市依傍湖泊河流之利，城区按照美国首都华盛顿的规划设计，9条主要街道呈轮幅状自中心闹市区辐射而出，颇具气势。

据说，这里有横跨尼亚加拉河的和平之桥，连通加拿大的伊利堡；据说，这里有宏伟的艺术陈列馆，其中不乏世界级大师的作品；据说，这里公园遍布，葱茏异常……沃森以为，这样美丽的森林城，应该不乏工作的机会吧。

但是，一切只是据说，当他真正来到这座城市，看到的全是混乱野蛮的街景，工作更一直没有着落。

在这个陌生的城市，第一个发现沃森才能的，是一个叫巴伦的推销员。出于赏识，他雇佣了沃森做自己的助手。

在外人眼里，巴伦是在伊利湖沿岸城乡出售北纽约州建筑公司和贷款协会股票的推销员，有着体面的职业身份。但不幸的是，巴伦的职业身份只是冠冕堂皇的借口，他不过是一个以欺骗为生的城市油子。

作为一个专业的骗子，巴伦有着自己的一套独特方法。首先，每当他来到一座新的城市，都会选择当地最昂贵的旅馆，租住一套最好的房间。一切安排妥当后，他便会叫来旅馆的领班，郑重其事地交代说："我是巴伦，请记住我的名字。每天到了吃饭时间我都需要有侍者呼喊我三次。对于这一切，我自然有我的理由，这个你不必多问。当然，我也不会亏待你，这里是给你的两美元。"

排场和架子做到位，后面的事情便都水到渠成。很快，城里来了一位重要的陌生客人的消息便会传播开来。显然，这个人就是巴伦，来兜售建筑公司和贷款协会的股票。

在大家眼里，股票本身就是合法的，是如同储蓄计划一样的投资。因此，顶着这样身份的巴伦是很受欢迎的，他每到一个城市，几乎都能无往不利，赚到可观的利润。

沃森便是在这个时候认识巴伦的。刚刚二十出头的他太过天真单纯，以致于沦陷在骗子的甜言蜜语攻势下，在他看来，巴伦是他见过最有学识和魅力的人，他愿意将自己的未来押在他的身上。

其实，从表面上看来，巴伦确实是一个十分慷慨的老板，每到一个地方出差，巴伦都会将沃森带在身边。除了付给他一定的金钱之外，巴伦对待沃森的态度也十分和蔼可亲，丝毫没有老板的架子和作风。

当骗子存心骗你的时候，真的是防不胜防。巴伦还付给沃森相当可观的佣金，使他生活很是阔绰。那段时期，巴伦对沃森的影响很大，这从他当时的照片中就可以看出来。

那是张很经典的照片，托马斯·沃森坐在一个小小的树墩上，像20世纪初漫画上的那种处处可见的旅游者。

当时的他便是这样一副典型的绅士做派，衣着和自己的身体都被修饰得一丝不苟。他的头上戴着丝帽，身上披着风衣，脚上还穿着高腰皮鞋和条纹袜子，甚至留着那个年代很是流行的八字胡，虽然如今看来带着几分可笑。

为巴伦工作了一段时间后，沃森卖股票的收入已经相当可观。经过一番慎重考虑，他准备离开巴伦，着手准备自己的买卖。

这个有头脑的年轻人，终究不愿意做一辈子的打工者。当时，他用自己的积蓄暗中在布法罗盘下了一家不算太大的肉店，并准备利用以后的收入继续开分店，进行连锁经营。他知道，这样的想法或许会遭到同行的嘲笑和白眼，但他丝毫不以为意，因为他对自己的能力有信心。

在当时的美国，连锁店的概念还不是非常时兴，但他的构想已经很完整，他梦想着经营一个属于自己的零售帝国。只是，仅仅一年时间，他的构想就全都破灭了。

那是在一次外出销售的旅途中，巴伦要求沃森再帮他最后一次，决意离开的沃森答应了。但是，当他早上从宾馆中醒来时，却发现巴伦不见了，他遍寻巴伦不着，只得回了房间，却绝望地发现自己和巴伦的钱统统不见了。

巴伦带走了所有的钱，没有给沃森留下一分一毫！

一切都完了，沃森只觉得晴天霹雳，这些钱是他赖以生存的唯一资本，失掉了储蓄的依靠，在弱肉强食的现代化城市里，沃森觉得自己毫无立锥之地。

万般无奈之下，沃森不得不卖掉了本来打算扩大的肉铺。

拿着卖掉肉铺的钱，沃森觉得自己的未来已然成了一个遥不可及的梦想，那些连锁店的计划全部泡汤。现在，连创业也成了问题，沃森再一次陷入了巨大的经济危机之中。

4. 幸运的转折

对于某些人来说，挫折是致命的，但对于另一些人来说，挫折恰恰是前进的垫脚石。

人生最沉痛的事，莫过于在梦想触手可及时狠狠摔落。没有希望，便没有绝望，希望破灭的沮丧，只有经历过的人才懂。

沃森是独特的，他的特别之处在于他有能力从挫折中站起来。不难想象，要是换做别的年轻人经历这样的大起大落，或许他们早就在接连的打击中心灰意冷，立刻打道回府，甚至回家种地去了。

但沃森是不同的，他自信、执着、坚毅，这样的性格优点对他今后的成功十分重要。正是凭着骨子里不服输的性格，他选择勇敢面对，继续前行，后来，他还总结出普遍适用的经验：努力工作、一点儿疯狂、时刻准备、一点儿运气。

从哪里跌倒，就要从哪里爬起，他开始不断从经验中吸取教训，不断对自身进行反省和完善。正是这样乐观主义的精神，让他永不绝望，也正是这样乐观主义的精神，让IBM的每个员工有了积极进取的正能量口号——"把事做成"、"永远向上"、"拿出你最好的劲头来"！

不仅如此，沃森的特别之处还在于，他知道怎样敏锐地发现别人都察觉不到的细小机会。他用自己的成功经历告诉我们一个道理，奇迹不是在等待中产生的，而是在创造中产生的。

是的，机会是寻来的，不是等来的。他用特有的销售才能将肉店出售后，便想要用分期付款的方式从现金出纳机公司购买一台出纳机。整个购买过程都是很顺利的，甚至，在他去往出纳机公司移交付款责任时，沃森还趁机进行了自我介绍，并顺利寻来了一份新的工作。

其实，当时他只是单纯地想要找一份糊口的活做。但出乎他意料的是，这份工作不仅可以糊口，还是他事业上一次非常幸运的转折。

在那个年代，现金公司（人们的普遍称谓）是美国最负盛名的公司之一。它的拥有者是代顿市的商业大亨约翰·亨利·帕特森。当时，帕特森正忙于将现金出纳机推销给每一个现代化的商店。

看着自己用过的机器，沃森眼前一亮，他确信自己可以让除自己外的推销员们了解它的优点。事实也是如此，他不仅凭着这点受到了帕特森的青睐，还很快在公司的推销员中脱颖而出，在市场中占据一席之地。

从出身来讲，托马斯·沃森只是一文不名的穷小子，是农民的儿子。但是，他并未像身边的其他人一样看不起自己，而是努力地改变现状和自己的生活。

他所采用的方法主要是让公司的推销员们模仿和学习一套十分标准的推销之术，并且使用开会和竞争等有效的方法来调动和刺激他们在工作上的积极性，产生的效果就是使他们的销售额高得惊人。

千里马是需要伯乐的，那时的现金公司便是沃森的福地，而帕特森则是他的伯乐！

是的，这个堪称美国商业史"现代销售之父"的男人，确实教会沃森很多。沃森在帕特森的手下整整干了18年。18年，无数个日日夜夜，他将所有的青春和心血都花费在了帕特森的公司，在为公司创造出巨大利润的同时，也增加了自己的经验财富。

其实，后来IBM的许多方法，都是从现金公司演变过来的，帕特森就是IBM经营之道的父辈级人物。对此，沃森的儿子说："帕特森最天才之处在于他成功地把一些像父亲一样文化教育程度不高的、十分质朴、但又野心勃勃的商界的游荡者精心挑选出来，并通过训练使他们成为美国第一流的在推销方面的人才。"

在销售领域，帕特森无疑是个聪明的管理者。身处高强度激烈竞争的行业中，他恰到好处地告诉推销员们，每个人只有倾尽全力将自己领域的工作做到最好，才能在有限的空间里赚取最大的利润，这大大缓和了员工间的关系。

另外，帕特森还将整个销售领域划分成了数个独立的王国，比如按照客户的住所和年龄段进行分类。这是一项很重大的发明，这样一来，他手下的推销员不仅可以进行有目标、有针对性的营销，还不用担心同事们会来抢生意。

在现金公司，沃森的报酬很是优厚，一星期100美元，其购买力相当于如今的1500美元。多么难得！当时的沃森仅仅只有几年的工作经验，但他的勤劳和天分，让他很快脱颖而出，成为帕特森的左膀右臂。

以前，推销在别人眼里一直是不体面的工作，它需要推销员厚着脸皮挨家挨户地敲门拜访，实属吃力不讨好。并且，当时有些推销者急于将产品推销出去，往往将产品功能说得天花乱坠，极尽欺骗之能，使得消费者对推销人员的印象越发不好。

但是，在帕特森宛如变魔术般的管理下，推销被赋予了新的含义和概念，几乎变成了一项全新的职业，这完全颠覆了沃森对推销工作的理解，他完完全全爱上了这个职业，成为了一名地地道道的出纳机推销员。

5. 在现金公司的日子

有句话叫作"痛并快乐着"，而沃森在现金公司的日子，也可以用这样几个字形容，那便是"忙并充实着"。

对于一个想要成功的人来说，忙碌的日子写满充实，充实的日子全是经验。沃森并不讨厌忙碌，也不惧怕困难，因为这样才能成长。

1895年10月，当身处困境的他将谋生的目光投向帕特森的全国现金出纳机公司时，这是照进黑暗世界的一缕暖阳，是他重新开始的重大机会。

他进入现金公司并不是那么轻而易举。有名的"推销天才"帕特森并不是谁想见都可以见的主儿，没有多少工作经验的沃森还不具备这样的实力，至少他的经历还没有打动帕特森的地方。

对于销售来说，经验确实重要，而天分也不容忽视，有些人天生便适合做销售，沃森便是如此。当时沃森就在想，见不到正主，其他管事的经理也是可以的，于是，他便借移交出纳机付款责任的机会，拜访了公司分所的经理兰奇先生。

只是，这次拜访的结果并不尽如人意，兰奇直截了当地拒绝了他。这无疑是不小的打击，尽管年纪轻，经验也不是很充足，但经过这么几年的摸爬滚打，他对自己的推销能力是很有自信的，这样的拒绝无疑是迎面泼来的冷水，让他无处躲藏。

无处躲藏那就直接面对，沃森便是这样的人，有着很强的抗压性。当时，他已打定主意，无论受到多少打击，无论听到怎样的冷言讽语，他都要用微笑面对兰奇。

这样积极的韧劲儿最终打动了兰奇，他决定给沃森一个试用的机会。只是，上帝可能想要给他多一些的磨难与考验，在现金公司的第一次推销，沃森以惨败告终。

这一次，真的是狠狠打击了他的自信心。在五金公司推销缝纫机和钢琴时，他用自己的才能获得了很大的成功，跟着巴伦卖股票时，他的业绩也很是突出，虽然最后证明这是一个骗局。但为何来到现金公司，迎面而来的却是失败呢？

沃森是一个倔强的人，心里有着一股犟劲儿——一定要用成功证明自己！尽管这次失败他遭到了兰奇的百般责骂，但他一直咬牙坚持着。

试想一下，如果换作是你，面对狗血喷头的责骂，估计早就在面红耳赤间羞愤难忍，最后拂袖而去了吧。但沃森没有，在羞辱之中，他表现出惊人的忍耐力，而这恰恰正是推销工作的一项重要职业训练。

因为这份忍耐力，沃森被留在了现金公司，成为兰奇的再传弟子。兰奇是帕特森的优秀学徒之一，曾经得到过他的真传，而沃森，也从兰奇这里学到很多。后来，IBM公司成立，作为CEO的他还会经常向下属们介绍兰奇的产品推销和自我推销实例。

其实，经过最初的适应期后，沃森的进步是很明显的，推销业绩也是芝麻开花节节高。比起兰奇这位领路人，沃森可以说是青出于蓝而胜于蓝，1年后，他成为了东部最成功的推销员，而到了25岁时，他便直接取代了兰奇的位置。

在现金公司的日子，沃森是颇受帕特森赏识的。因此，他在1899年被破格提拔为分公司经理，而在总经理查尔摩斯被解雇时，帕特森直接让他取而代之。到了1910年，他更是凭借出色的个人能力成为公司的第二号人物，地位仅次于帕特森。

努力总算有了回报，这样的风生水起来得也算颇为从容。作为推销界的传奇人物，沃森并不是什么技术天才，和所谓的精英人士相比，他的事业也并不算十分顺利，他的每一点成绩，都是用辛勤和汗水浇灌而来的。

只是，在这段经历中，还是有些不完美的地方，那便是与公司内其他员工的相处。由于自身暴躁的性格，沃森并不十分受别人欢迎，在同事们眼里，他好大喜功又极端自负，并不是一个好相处的人。

是的，暴躁的性格的确是沃森为数不多的缺点之一。即使在多年以后，他有了属于自己的IBM王国，却依旧无法改掉这些令人生畏或是生厌的脾气。

据《财富》杂志记载，1940年，IBM公司的领导人托马斯·沃森在公司明令禁止员工在任何公开场所喝酒，并要求销售人员一律身穿西服和纯白衬衫，另外，他还要求所有员工都要学唱"IBM之歌"等称颂公司的歌曲……

粗看之下，这样的规定并没有什么问题，但却不免让人觉得专横强硬，给员工一种缺乏人性化关怀的感觉。事实上，他的这种行为也使他自身饱受诟病，一位叫作埃德温·布莱克的历史学家便在自己的出版物中，对沃森的这种专制进行了强烈的抨击。

在布莱克的笔下，沃森被直接和希特勒拉在了一起。他不仅仅批判沃森同样专横的作风，还有他的唯利是图。只是，他真的唯利是图吗？不可否认，在纳粹法西斯清除犹太人的暴行中，IBM创造出的机器起到了至关重要的技术作用，但在推销产品的时候，谁又会料想购买者是用来做坏事的？

后来，当希特勒向沃森授予勋章的时候，他拒绝了，其实这已经说明他的立场，作为商人，孰是孰非他终能看清。另外，无论是禁酒令，还是服装等一系列要求，在这些近乎严苛的制度背后，饱含着沃森的良苦用心。

　　在当时人们普遍的观念中，推销员都是些无赖，浑身冒着坏水，又或者是那些在镇上妓院里鬼混，彻夜不眠的家伙。为了不让IBM的推销员们遭受白眼，成为旁人眼中的坏家伙们，他才会强硬要求规范着装。其实，庄重的着装不仅可以赢得别人的尊重，还能培养员工的自尊意识。

　　而沃森颁布的禁酒令，也是出于关爱员工的目的。众所周知，饮酒易误事，再加上自己的身体也因饮酒出现过状况，所以他制定了有些苛刻的规定，其实也算情有可原。另外，为了使自己的王国能够一直发展下去，他甚至创建了自己的IBM学校，旨在为员工们提供培训。

　　沃森是个十分称职的商人，也是一个非常慷慨的老板，他不但付给员工可观的薪水，还愿意培养他们成为更好的人。当然，他让雇员学唱"IBM之歌"，也不过是想要培养他们的责任感和忠诚感，如是而已。

　　这便是托马斯·沃森。谁都不能否认，仅仅从商业角度来说，沃森创造出的商业奇迹足以震撼所有人！

　　哈佛商学院的著名教授理查德·泰罗曾在自己的书中介绍了7位影响美国的商业天才，其中便将沃森列为世界商业史中最富有创造力的天才，因为他对计算机工业和其他商业领域的影响十分深远。

第二章　邂逅美丽爱情

1. 黄金单身汉

在现金公司，托马斯·沃森的地位不断升高，到16年之后他认识妻子时，已经是堂堂第二把手。当然，这都是沃森用自己实力换来的。因为业绩突出，他深得老板帕特森的赏识，步步高升，这一切绝非偶然。

从农家小子到商业巨擘的传奇，沃森的人生历程再一次向我们证明了那句著名的谚语：一分耕耘，一分收获。沃森的经历激励着那些野心勃勃的年轻人，并再次打破了阶级的障碍。

曾经的贫穷少年，再也不是赶着马车、挨家串户推销缝纫机的困顿模样，如今的他练就了一身不同寻常的功夫。薪资丰厚，才貌双全，此时的沃森早已是身价最高的黄金单身汉。

他是很感激老板帕特森的，因为从他那里学到了许多管理之道。其实，帕特森是一个专制的人，不能容忍下属挑战自己的权威，从中沃森便悟到了许多："每一位企业管理者都应当把自己看成是他们下属的助手，而不是以高高在上的老板自居。"

是的，老板只有首先敞开自己的心扉并和下属的销售员互动和平等交流，才能获得信任，才能调动他们的积极性。企业应该强调每个人而不是老板的责任感，这便是团结，好的公司应该是老板和所有员工劲往一处使，这便是IBM的人员定律——我们大家都是平等并且相同的人，我们之所以会肩并肩地站在一起，只是为了朝各自共同向往的目标一起努力。

让我们继续将目光聚焦在现金公司如鱼得水的托马斯·沃森。

那时的他慢慢成为了城市中颇有名气的新贵，十分引人注目。其实，沃森的一切都抬高着他的身价，使他一步步成长起来。

修长的身材、英俊的外貌、考究的穿着，还有极高的身价，这样的成年男人让城中许多待字闺中的少女动心不已。但是，此时的沃森在脑海中已经有了对未来伴侣的大体要求，他并不喜欢那些外表美丽但十分矜贵的富家小姐，更不喜欢那些觊觎他财产别有用心的女人。

是的，在未来妻子的挑选上，他是非常挑剔的。他认为，配偶是陪伴自己终生的人，绝对不能草率决定人选，这位女性不仅要有能匹配自己的智慧，贤惠的性格和养育照顾后代的能力，还要能对自己的事业和名望都带来一定的好处。

他是各项条件俱佳的黄金单身汉，眼光挑剔只是品位高的象征。原本出身下层阶级的沃森一跃进入城中的上流社会，在与上层阶级接触的过程中，沃森的谈吐越发地优雅起来，昔日农家少年身上的青涩日渐褪去，在他身上闪烁着成熟男人特有的魅力之光。

他是如此的惹人注目，哪怕是开车经过街道都会惹得议论纷纷。看，那个开着漂亮轿车到处兜风的年轻绅士便是托马斯·沃森！风头正健的男人，他的一举一动都成了城里人们注目的焦点和新闻媒体争相报道的新闻。

当然，他这辆漂亮别致的轿车确实不多见，这是帕特森送给最得力员工的礼物。作为公司里炙手可热的人物之一，他理所当然承受着来自各方的嫉妒的目光。

尽管在事业上发展得十分顺利，沃森的家庭此时却出了一些变故。由于父亲患上了严重的糖尿病，沃森此时便十分自然地成为了一家之主。这是一份沉甸甸的责任，除了父亲的病情是一大困难，家中的母亲和姐妹也急需他的供养。

懂事的男人没有说什么，只是默默地一力承担起了抚养母亲和姐妹的责任。为了方便照顾她们，托马斯·沃森将她们接到了纽约罗切斯特，那里有他购置的一座巨大房子，还有他一个用来销售的办公室。

这时候，事业对于他的意义愈发重大，它不仅仅是给沃森带来金钱的工具，更是他维系自己家庭的巨大依靠。

他是一位细心的家人，不仅时刻关心着母亲和姐妹们的日常起居生活，还为妹妹觅得良缘。当时，他的妹妹很快便到了出阁的年纪，他在周围的同事中处处留心，尽力寻找与自己妹妹相配的人。

时隔不久，他便发现了一位在外表、年龄、收入上都很满意的同事。通过不断热心的介绍和联络，他很快把妹妹嫁给了一位和他同样十分成功的推销员。

只是，他对自己的婚事并没有如此上心。缘分是一件很神奇的事，或许，他只是在等待那个命中注定的人。多年以后，他对儿子小沃森提起过这段往事，只说这一切是缘于他见到过一些较为成功的人，从他们的身上得出婚姻需要谨慎的经验。

不可否认，他的谨慎不无道理。从古至今，许多成功的人结婚后都被老婆孩子缠着而陷入了困境，很多受不了气的人到最后只能以离婚收场，还免不了要拿出一大笔赡养费，自己的事业和家庭都遭受了巨大的损失，得不偿失。

当然，他并不是一个寂寞守旧的人。在认识未来的妻子之前，他也交过女朋友，甚至还有一位恋人在费城当歌剧演员，有着每个男人都梦寐以求的性感身材和美丽脸蛋。可是在托马斯·沃森眼里，她只是个空有漂亮躯壳、胸大无脑的洋娃娃。

金钱、美女、名车，这些属于上流社会的享受并未使沃森得到心理满足，他更加想要一个生活里也很真实的伙伴，于是，他耐心地等待着，守候着，直到发现一位有社会地位又很聪明的女士。

2. 与爱相遇

1912年，刚满38岁的托马斯·沃森，正处在事业春风得意的时期。然而此时他仍然有一个心愿没有了结——婚事。

为了使他尽快安定下来，托马斯·沃森的家里人至少为他介绍了两次女友，甚至和对方作出了某种约定，但托马斯并不中意，他都拒绝了。

就在这一年的春天，在受到邀请参加代顿城的乡村俱乐部的一个活动时，沃森遇见了当地地位十分显赫的基特里奇家族的一位女性。

当年轻的托马斯·沃森第一次看到珍妮特·基特里奇时，就清楚地听见了自己胸膛心脏怦然跳动的声音。

珍妮特的父亲，便是在当地赫赫有名的汽车公司——巴尼与史密斯铁道的总裁。

这位外表十分小巧的女士，习惯把自己灰褐色的卷发在脑后盘成发髻。

那次的聚会上，算不上漂亮的她看起来腼腆而文静，一双明亮的大眼睛十分温柔，笑容中透露着善解人意。直到这时，沃森才打算在人生中认认真真地谈上一次恋爱。

宴会中，珍妮特环顾餐桌，发现除了自己以外，只有一个男人没有碰过酒杯。这个男人便是沃森，在珍妮特眼中，他成了独特的存在。

那时，珍妮特已经29岁了，和她年纪相仿的姑娘大多早就结婚了，甚至有的孩子都不小了。但她的婚事却一直在拖延着，她本人倒并不是不想谈一场恋爱，只是想找一个彼此爱慕且烟酒不沾的男人。

她的父亲是一个名符其实的禁酒主义教徒，这也养成了珍妮特滴酒不沾的好习惯。在她的内心深处，从未想过要嫁给一个在社会上十分有名望的出色商人，只是真诚地希望未来的伴侣能是一位烟酒不沾的绅士。可惜在周围的男人中一直没有这样的人，直到沃森的出现。

或许，就是这个时刻，上天让她遇到了这样的一个人，让她体味无限的缠绵爱意。虽然沃森也是吸烟的，但他吸得很少，这就够了，当遇到那个对的人，所有的条条框框便都不是问题。

当然，在珍妮特的身上，沃森也发现了吸引自己的特质，那便是单纯朴素。她是不同的，虽然出身高贵，生活也十分优越，受到的教育也是属于寄宿学校里的正规课程，但在这个女人的骨子里，依旧保有着草原上牧民十分淳朴善良的性格。

哪怕在与沃森结婚之后，她也一如既往保持着节俭的习惯，甚至会为了关掉楼下的一盏灯，咚咚跑下两层楼梯。另外，她并不像其他的小姐贵妇一样，对奢侈品有着近乎执着的追求，后来，沃森送过她巴黎的华美服装，她也不过是笑笑，神情淡漠。

就这样，两个相互吸引的年轻人坠入爱河了。他们开始约会，热恋中的快乐使他们难舍难分，约会也日趋频繁。

沃森发现珍妮特越来越多的魅力。他觉得，爱人的可爱、高贵和庄严是从骨子里发出的，并随着时间的增长越发迷人，这恰好验证了一句西方著名的谚语：所谓美人，是用时光雕刻而成的。

随着时间的推移，沃森越发珍惜珍妮特的特别。她是如此不同，其实，她与那些周旋在沃森身边、带着各种目的的女人最大的不同便是爱，即使在托马斯·沃森处于困境之中，她依然在他身边陪着他，真情可见一斑。

1912年2月22日，托马斯·沃森因为业务上的问题被联邦特别大陪审团起诉，在这段时间，他周围的朋友都以为他完了，对他敬而远之。

但珍妮特没有，也只有她没有。这个善良的女人从来没有中断过自己的爱慕，她坚信自己的选择不会有错，她坚信这个极少抽烟、滴酒不沾的男人，绝不会做出违法的事情。

多么珍贵的爱，多么让人动容的信任！在沃森被官司搞得狼狈不堪的那段时间，珍妮特仿佛是上帝派往他身边的天使，给他陷入死水的生活带来了一缕希望和光明。这应该就是所谓的患难见真情吧，这一刻，沃森已经认定，这便是自己命定的伴侣，他要与她相携走过余生。

后来，两个人又因为代顿水灾募集救灾物资而更加贴近。多少个日日夜夜，一对善良的恋人为了灾区人民忙忙碌碌，那时候，珍妮特被身边这个男人的善良、忠厚和踏实所深深打动，在他世俗的外表下，她看到的是他的一颗充满爱的赤子之心。

如果爱情是一瞬间的怦然心动，那相处便是检验婚姻的最佳利器。共同经历过风风雨雨之后，珍妮特认定这便是自己要结婚的对象，是一生都要在一起的人。她决定，不管未来会如何，她都会陪伴在这个男人左右，尽自己的全力照顾他、爱护他。

经过一番挑剔的审查之后，珍妮特的父亲同意了女儿和沃森的这桩婚事，而沃森的老板帕特森更加为他感到高兴。

1913年4月17日，沃森和珍妮特举办了盛大的婚宴，结婚是沃森人生的重大转折，从此以后，他更加努力赚钱养家，并为成为一个好爸爸而不懈努力着。

3. 最成功的推销

托马斯·沃森这一生中最津津乐道的就是他自己是如何让珍妮特·基特里奇成为了他的妻子，他时常向身边的朋友和同事提及，这是他最成功的推销——给自己找到了最棒的"归宿"。

婚后，两人便很快有了爱情的结晶。在IBM的漫长岁月里，珍妮特尽着自己最大的能力，努力改善着沃森敏感、暴躁和十分好面子等在他性格中十分明显的缺点。

他们夫妇一共生了4个孩子，其中长子最"坏"，最像沃森，于是便被冠上"小沃森"的称号。在当时有这样一种说法，如果说他们在儿时有一个最坏的伙伴，那么小沃森就比那个最坏的伙伴还要坏上3倍。

1919年2月，小沃森5岁，沃森在试图使用火炉时燃起了大火，刹那之间，整个老房子就这样化为了灰烬。

大火无情，不仅烧毁了他们的住所，也烧毁了珍妮特以前在代顿的陪嫁物品。多年来辛辛苦苦积攒的财产付之一炬，但珍妮特并未因此责怪过自己的丈夫，她同沃森之间仍是那样融洽和谐。

火灾之后，他们把家搬到了一个名叫肖特黑尔的小镇。那是一个温馨的小镇，距离纽约大概有20英里，有教堂、火车站和两所学校。而沃森家的房子，恰好坐落在镇上一座小小的山包上，按照沃森的第一座房子的样式建造起来。

一场大火让沃森变得非常谨慎，其表现之一便是，往后的房子和屋顶都开始用石板建造而成。另外，在石板房子的后面，他们还建了一个很大的菜园和鸡舍，这个高大宽敞的新家，洋溢着浓浓的生活气息。

小沃森的童年便是在这个淳朴的小镇上度过的，周边的邻居都是如父亲沃森那样勤奋工作的人，只是，这种良好的氛围并未给小沃森以耳濡目染的教导作用。这个调皮的小鬼一直在家附近的池塘边游荡，那是他玩乐的绝佳地方。

那时候，新泽西这块地方只是一片罕有人迹的荒野。在离沃森他们居住的村镇不远处，还有人靠沼泽地里的捕兽陷阱谋生。

沃森一家刚刚搬过来时，池塘的周围根本没有人住，空有一座储存木头的大房子而已。于是，那里理所当然地成为了小沃森的玩乐场所。

当早熟的小沃森长到十一二岁的时候，就经常和一些男孩子拉帮结伙，带着女孩子来到这所房子的后面玩上了亲嘴游戏，这令邻居们十分厌恶。于是，淘气的小沃森年纪轻轻便得到了"可怕的汤米·沃森"这个雅号。一旦哪里出了问题，大家总是在第一时间联想到他。

小沃森就是这样一个顽皮的小恶魔，但他却非常依赖自己的母亲，一步也不愿离开她。在他15岁进入寄宿学校之前，他都形影不离地生活在母亲身边，因为母亲给他被疼爱和被保护的感觉，他始终觉得，母亲是最了解他的人。

都说严父慈母，沃森家族也是如此。当时，沃森一直忙于自己的事业，对孩子的成长和发展根本就无暇顾及。虽然小沃森的叛逆行为都被他看在眼里，他也很是心痛，但却只能以大声呵斥草草管教，终究是少了一些深层次的沟通。

于是，重担便落在了妻子珍妮特的身上。在珍妮特眼里，小沃森的乖戾和恶作剧不过是因为他缺乏自信，为了增加孩子的自信，她常变着法子鼓励儿子参加各种有意义的活动。

20世纪20年代的美国，年轻人的叛逆并没有那么普遍，像小沃森这一类的孩子并不十分多见，大家都躲着他。没有人想到小沃森能够在将来有出息。他没有什么朋友，其他自视甚高的孩子都看不起他，认为他是个不折不扣的怪胎。

表面上，小沃森是满不在乎的，但内心深处偏偏又对他们总是躲着自己十分敏感。因为那种种臭名远扬的劣迹，他感到前所未有的自卑和孤独，而强烈的逆反心理却又使他更加叛逆，恶作剧的行为有增无减。

就是这两种矛盾性格的交织，小沃森成了矛盾的统一体，但珍妮特并没有放弃自己的儿子，确切地说，是从未放弃。

多年以后，小沃森仍清清楚楚记得他在10岁的时候所犯下的错误。一次，他和一个名叫乔的朋友在周围的街区游荡玩耍，不久便发现有一个敞开大门的房子正在修缮，在屋子的外面放着一些松节油、油漆罐、刷子等装修用品。

小沃森和乔一见之下十分好奇，便进去拿了两罐油漆，沿路在大街上直到将它们涂刷完为止。

事后，在母亲珍妮特的严厉责问下，小沃森只好说出了实话，油漆是他和伙伴偷来的。平日里温和可亲的珍妮特一气之下认为要采取严厉的措施，为了使小沃森长点记性，她把小沃森带到了警察局。

但这并未引起小沃森对自己足够的反省，他一开始并没有把这件事放在心上，他认为这只不过是母亲对他出格的做法玩了一次新花样的惩罚。

警察局里能供犯人活动的空间十分狭小，只能稍稍活动一下，但是谁都别想出来。

人狱之前，警察局的局长向小沃森和乔介绍了一下狱中关押的人：

这些人当中有杀人犯、抢劫犯、形形色色犯罪的人，不过更多的还是小偷小摸，这令小沃森和同伴十分吃惊，眼睛瞪得大大的。

这些罪犯都被关在这里，像是被关在动物园里的肉食动物，目露凶光，分分秒秒都在渴望着外面的世界。

原来，世界上还有如此可怕的地方，小沃森并不想成为惯犯，过这样可怕的生活。因此，在出狱之后，意识到自己性格上不足的小沃森收敛了不少，也努力改正了不少，只是在外人眼里，他依旧是个顽劣的小恶魔。

15岁那年，他去了寄宿学校。大抵是好事不出门坏事传千里吧，在学校里，大多数的孩子都知道小沃森是一个有机会便会淘气的坏孩子。

确实，小沃森天性就爱捉弄人，虽然这只是没有多少恶意的玩笑，但不懂得把握分寸的少年，总会在无意之中伤害他人。另外，很多时候，他的许多行为还是刻意为之，他想要引起父亲的注意，但这一切好像都是徒劳。

那时候，沃森经常视察全国各地的IBM子公司和制造工厂，在家里的时间并不多，再加上沃森那暴躁的性格，这一切都使作为长子的小沃森急切地想让父亲关注自己。

可是父亲给他的只有厌恶和漠视，他在学校恶名远播，偷东西、破坏器皿，或者把臭鼬的液体偷放进学校里的空调系统。在失望之余，沃森更加偏爱自己的小儿子和大女儿。虽然小沃森会经常做错事情，但是从中并不难看出，他叛逆的外表下，潜意识里在追求被人瞩目而标新立异的感觉。

在这样叛逆的时光里，他做过最出格的事情，便是和同学一起偷偷吸大麻。喝酒、抽烟、泡妞，小沃森当时在学校里天天过着花花公子式的生活。有一天，他听闻吸大麻会有十分强烈的快感，出于好奇，小沃森和另外一个同学两人偷偷到商店去分别买了一支里面有大麻成分的雪茄，一开始，雪茄烟的味道和别的烟味道并没有什么不同，他们都还没有什么异样的感觉。

可是不一会儿，等大麻的药力发作以后，两人最开始是没法抑制地大声笑，然后又失去了平衡，身体东倒西歪，乱撞向各个地方。他们俩被自己这种不受控制的行为吓得要死，于是赶紧打车回到家中躺在床上，静静等待着药力的消失。

万幸的是，小沃森在试过一次大麻雪茄后就彻底抛弃了它，从此以后再也没有碰过。因为凭他殷实的家境，一旦对这种东西上瘾，后果是难以设想的。

其实，调皮是孩子的共性。虽然小沃森异常地调皮顽劣，但在父母亲的教育之下，他的行为仍然受到了一定的约束，这种约束使得他不至于在成长的道路上偏离得太远。

有时候，孩子们根本不能理解父母口中所谓的严格的教育，但正是他们这种教育使孩子能从小在残酷的环境下养成坚韧独特的品格，才能为他们的将来打下好的基础。

中学时代，小沃森的成绩几乎每次都是全班的倒数第一，成绩单上不是D就是F。他也早已对此习以为常，这对他根本不是什么问题。不过他并不是一点儿收获也没有，在体育方面，他取得了突飞猛进的进步。除了手和眼不协调的问题外，小沃森在其他方面通过自己的努力也都做得很好。

他有活跃的思维模式，这恰恰是一个成功企业家所必须具备的特质。更加可贵的是，小沃森不管在哪里都显示了他做人最基本的态度——诚实。

其实，沃森将儿子的一切都看在眼里，无论是优点还是缺点，没有谁比他这个父亲更了解。在他的眼里，不管小沃森有多么顽劣，他最终还是会让小沃森成为IBM的继承人。作为一个父亲，他有满腹焦虑，但他不能说出来，也不敢说出来，他多希望小沃森能够懂事一点儿，明白自己的一番苦心。

只是，小沃森还没有明白，便病倒了。谁也没想到的是，从小锦衣玉食的小沃森会患上一种十分奇怪的病。

一天早上，到了早饭的时间，小沃森仍然没有起床。妈妈出于担心，到小沃森的房间里察看。

"我的孩子，你怎么了?"珍妮特看到小沃森一脸病容，十分难过。

其实，这时的小沃森已经讲不出话来了，只在艰难喘息间吐出几个字符："我好难受。"

珍妮特试图帮助儿子从床上坐起来，可小沃森就像瘫痪了一般，没有一丝气力。这可吓坏了一家人，沃森顾不得换衣服，赶紧去请了医生。

经过一番仔细地检查，医生并没有查出病因，无可奈何地表示束手无策。可怜的小沃森只能躺在床上，说话只能一个词一个词地往外吐，无法连成完整的句子。

好在小沃森的生命力够顽强。一个多月后，他便开始慢慢恢复了。后来，小沃森回忆说，患病期间自己只觉得周身无力，头脑也不能正常运转，可谓口不能言，求告无门，自己感觉深深陷入无形的恐惧之中。

因为无法医治，所以不了了之，但从那之后的几年时间里，小沃森几乎每年都会复发一两次，病痛的折磨让他觉得生不如死。

一次，小沃森带着弟弟迪克前往加拿大夏令营，途中他的病突然复发了。年仅9岁的弟弟迪克害怕极了，他守在哥哥身边寸步不离，生怕他出什么意外。

小沃森痛苦万分，他甚至感到死亡正在向他招手，绝望之际，他对弟弟迪克嘱咐道："如果某天我死了，请帮我告诉爸爸、妈妈，不要因此而内疚。"

尽管平时小沃森特立独行，处处表现得同家人格格不入，但是在最要紧的生死关头，一句话就道出了他心中所想，原来他在心里最惦记和敬爱的，仍然是最亲密的父母。

或许是因为长期缺乏父爱，或许是病痛的折磨，小沃森整日郁郁寡欢，终于在17岁那年，被查出得了抑郁症。得知儿子的病情后，沃森久违的父爱一下子被激发了出来，他悉心地照顾着自己的长子，处处关爱着他。

父亲的悉心呵护，再加上母亲的无微不至，小沃森的病开始慢慢好转。病好之后，小沃森的性格也没有以前那样叛逆了，他变得温和多了。当沃森全家在外面一起旅游的时候，全家人的关系也因为温和的小沃森变得非常融洽。

沃森夫妇经常会带着孩子们一起玩耍，有时是亲戚朋友聚在一起，有时候是和沃森带来的同事一起。每一次出行，沃森家族都会派出两三辆巨大的轿车，车上装满了沃森的亲朋好友，或者是IBM分部的经理，大家一起其乐融融地度过美好的外出时光。

珍妮特非常享受在路上的时间，她觉得这样比在家里更加自由，她热爱在沿路欣赏各种美丽的风景和品尝各式地道的美食。而沃森天生就喜爱四处奔波，他就像一只没有脚的小鸟，一直都在路上，从来没有停下过自己的脚步。

沃森热爱汽车，热爱冒险，热爱在旅途中追寻着自己想要的东西。在沃森的一生当中，他从未停止过，只要一听见火车或者汽车开动的声音，他那些满脑子的要求立刻就变得很少，心情也随之平静美好。

在旁人眼里，几代人凑在一起是一个奇观，如同原始部落一样。每每一到周末，他们便会举家前往沃森自己的农场——奥德维克。在这里，他们度过一整个夏天，更好地享受自己的美好光阴。

幸福便是这样容易。婚姻、家庭、事业，是沃森一生最珍惜的财富。

4. 婚后甜蜜生活

托马斯·沃森和珍妮特一起度过了几十年漫长而甜蜜的婚姻生活，珍妮特以她独有的女性温柔处处包容着沃森性格中暴躁的一面。

有时候沃森在工作中会遇到困难，他常常在家中训斥那些公司里令他不满的高管，为了防止局面失控，珍妮特总是会不失时机地出面阻拦。她会尽力用自己女性特有的温柔，来浇灭丈夫的怒火，或者，将火势降到最低。

在生活中，沃森经常克制不住自己的脾气，他时常没来由地发怒训斥珍妮特，而妻子丝毫没有怨言，在丈夫面前，她更多的是显示理解乃至顺从的一面并默默忍受了几十年。

据小沃森后来回忆，他的母亲确实是一直任劳任怨地照顾他们兄妹几个。

她是个出身高贵的女人，但结婚以后，却成了一个为丈夫和孩子操碎了心的家庭主妇。每天，她都要按照丈夫的意愿收拾整理如同宫殿的三角形别墅，另外，她还要无微不至地照顾自己的4个孩子，这是她的职责。

同时，她也是一位善解人意的雇主，对待佣人的态度十分和善友好，对待沃森带回家中的客人，她也是充分尽到了一个女主人的职责。

风趣和幽默是她的个性。某天晚上，有一个很胖的瑞士商人来到家中，他将鞋脱好放在客厅的门外。珍妮特看见后微笑着说："他是把我们这里当成了宫殿。"说着，她便蹲下身将皮鞋亲自擦了一遍。

作为儿子，小沃森将母亲的辛劳看得真真切切，他隐隐觉得，自己的父亲欠母亲很多。

沃森和珍妮特初相识时，沃森已经是温文尔雅的绅士，懂得怎样穿戴打扮，也知道言谈举止需要注意的地方。只是，有些时候，他还是会因为不甚优雅的生活小节给别人带来困扰，于是，珍妮特便会委婉地指出，用自己的言行给丈夫极大的帮助。

在孩子尚且年幼时，她会帮助纠正丈夫的英语发音，以及注意吃饭时的姿态。珍妮特常常提醒丈夫不要轻易发脾气或者动怒。为了使丈夫改正自己的缺点，她用灵活的方法循循诱导着他。

20世纪30年代，沃森已经是一个赚了大笔钱的富豪，一天他十分高兴地回到自己家中，拿出了一个约有两克拉重的钻石戒指送给妻子。

这是珍妮特婚后收到的第一个昂贵珠宝首饰。但是，这个戒指并不是那样完美，珍妮特只一眼便看出了这枚大钻戒上的瑕疵。她用调笑的语气对丈夫说，宁肯要一个小点儿的也不想它有瑕疵。

她是追求完美的女性，并不在乎钻石有多大颗，也不在乎有多昂贵，她在乎的是精致与品位。最终，沃森收回了戒指，5年以后，他为妻子带回了一枚大且纯净的戒指，兑现了自己的承诺。

在托马斯40岁那年的冬天，他终于迎来了自己的第一个孩子，注视着手中抱着的这个绯红色的美丽小婴儿，托马斯第一次感到生命的延续是那样的幸福。

"给他起个适合的名字吧。"珍妮特在丈夫的耳边轻声说道，"他长得可真像你，一定会长成和你一样的男人。"

"我吗？嗯，那好吧，我就赋予他我的名字——托马斯·约翰·沃森。"沃森的一双眼中顿时充满了自豪。

说小沃森是含着金钥匙出生的公子哥显然一点儿也不过分，父亲是一位非常体面的绅士，而母亲珍妮特是一位出身显赫的家庭主妇，家庭的名望和富裕使他从小就被各种艳羡的目光包围着。

婚后的6年时间里，他们一共生了4个孩子，除了小沃森，还有简、海伦，还有最小的儿子迪克。这是4个个性迥异的孩子，IBM后来的继承人小沃森和小弟迪克的关系最好，但迪克的年纪最小，和他能聊的话题也十分有限。

小沃森的二妹海伦是一个只对投机有兴趣的人。她对任何事物都充满了猎奇心理，一次小沃森偷了一袋糖果，她便以让小沃森告诉她那是什么糖为代价而不告诉父母。

在弟弟妹妹中，和小沃森关系最疏远的便是简。这个和他年龄相仿的妹妹，虽然也喜欢做一些恶作剧，但与小沃森不同的是，做过之后她便会内疚，并选择向父亲沃森直接坦白。因此，与小沃森相比，父亲总是宠爱简多一些，还亲切地称她为自己的宝贝心肝，这让时常受到冷落的小沃森很是嫉妒。

而简也总是称呼父亲为"我的情人"，一直到她长大。作为妻子，珍妮特虽然认为这样的称呼并不合适，但看着父女俩十分快乐，她也就不再干涉了。只是，出于对母亲的爱，小沃森对父亲对待母亲的方式极为不满，他总觉得工作狂的父亲，给母亲的关爱太少。

珍妮特是温柔的，用宽容和爱支撑着整个家庭。当然，他们夫妻之间也会有正常的吵架，但每次吵完架后，珍妮特并不像别的女人那样大哭大闹，她特殊的地方在于，如果觉得自己受到了委屈，她会躺在厕所的地板上休息片刻，以此来平复情绪。

当然，有时候吵架会超过人的忍耐限度，丈夫暴躁的脾气也会使珍妮特十分愤怒。

当时，托马斯·沃森在美国的社交界越来越活跃，为了方便应酬，他经常会逼着妻子和他一起去看歌剧或者去吃饭。但在珍妮特的眼里，丈夫是在一边欠着巨额的债务，一边拿借来的钱过非常奢侈的生活，生性简朴的她无法接受这样的自欺欺人。

那段时间，她曾耐心劝解过丈夫，可是，沃森从来就只是把这些当成耳旁风，甚至和妻子大吵大闹，恶语相向。这一次，她终于失去耐性，于1928年在他们婚姻生活中唯一一次提出了离婚。

这样突然的反击让一向自信满满的沃森大受打击，这时，他开始意识到自己在婚姻中的失职。

为了避免失去挚爱的妻子，他努力地改变自己的脾气，在后来足足半年中，他没有再发过一次脾气，并一直不停地祈求着珍妮特对他的原谅，珍妮特在沃森连番的忏悔之下，最终放弃了离婚的打算。从此以后，不管他们的婚姻生活中遇到什么样的困难，珍妮特对离婚一事只字未提，也从未有丝毫的抱怨。

随后，二战爆发，战争使人们重新认识到生命的可贵。托马斯·沃森颇有感悟，加上自己的年龄越来越大，他越发珍惜着自己身边的一切，在个人感情上也越来越温柔。对于他所拥有的一切，他时常怀着感恩的心去面对。

在沃森随身携带的一个纯黑色单折牛皮钱包里总是放着两张纸条：一张的上面是年仅11岁的汤姆·巴克纳（沃森的孙子）所写的誓言；而在另一张上，是沃森向妻子珍妮特表达着自己满满的爱意：

亲爱的珍妮特：希望你能知道一直以来我对你的仰慕和爱意，你是我贤惠的妻子，我可以依赖的母亲，我一直宠爱的女儿。你是那样的完美，在我的心中，你是这世界上独一无二的唯一。

当小沃森逐渐长大，两夫妻之间的矛盾冲突也转移到了小沃森身上，加上聚少离多，隔阂也很容易产生。这其中的原因很简单，淘气的小沃森有时无故取闹，甚至达到了令人生厌的地步。

在经历了婚姻生活的种种波折后，沃森在自己的职业生涯中也遇到了一些麻烦，由于他的业务越来越出色，老板帕特森对他的戒心也越来越重。

一次，夫妻二人前往西海岸观光旅行，回来以后，沃森十分意外地收到了老板帕特森的礼物——新房子，对此他很是诧异，但更让他想不到的是，这套新房竟是自己被解雇前的最后一份礼物！

第三章　初识 IBM

1. 帕特森的怪脾气

托马斯·沃森最终实现了他梦寐以求的生活，事业圆满，家庭幸福。但谁都没有料到的是，生活会立刻变得这么不幸。

在转过年来，小沃森刚刚出生，家庭遇到了打击。沃森被老东家帕特森无情地解雇了，衣食无着地被迫离开了他们的家——代顿。

谁也没想到，一贯对托马斯十分慷慨的老板帕特森会在提拔重用他多年之后，无情地将他赶出了他尽心服务了多年的现金出纳公司。

不过，沃森在对老板失望之余并没有感到多么意外，根据沃森多年来的观察，老板帕特森的性格一直非常独断专行，他做出这种反常的行为一点也不奇怪。

平日在公司里，帕特森常常用自己的威严使员工惧怕，借此达到管理他们的目的。在一次冗长的销售会议上，他曾经因为有些人没有集中注意力，顺手用消防斧头砍坏了一台现金出纳机，在场的员工都惊得说不出话来。

是的，这就是帕特森。他个性古怪，总是喜欢将自己的喜好和赏罚紧紧联系在一起。另外，他惩罚别人的手段也十分残忍，对于他所看重的经理，他们能从他那里得到十分优厚的回报，而对待那些他十分厌恶的人，他惩罚的手段可以用残酷二字来形容。

托马斯·沃森曾对自己的儿子小沃森讲过一个关于部门经理的故事。帕特森对他的所作所为不满已久，最终在某一天的早上爆发了。那位经理早上来到自己办公室的门口时，发现了十分惊人的一幕。自己办公室里的东西（包括办公桌）都被浇上了煤油，并扔在草地上燃烧着。

那位经理从此以后再也没有进入过那座办公楼，从这件事开始，帕特森的恶名便在公司内部传开了，公司上下没有不惧怕他的。

这一点，沃森倒没有学习到，虽然多年以后，沃森同样在IBM以他的独裁专横而闻名，但和帕特森相比，他实在逊色了不少。正是帕特森的怪脾气直接导致了沃森日后被解雇的命运。

随着工作量的增大，托马斯·沃森偏向将重心放在工作当中，对于家庭疏忽了。

每次交代人将事情办好，他都是用简单而直接的语言。而在他全力投入工作的那几年，他一不注意总是会用同样的方式对待自己的妻子，这令珍妮特在难以忍受之余更是不能适应。

小沃森童年时，父母吵架的频率总是越来越高。吵闹声，哭泣声总是不绝于耳地传到小沃森的卧室中，成为最困扰他童年的声音。

童年很快过去了，小沃森迅速地长大。在美国经济大萧条时期最严重的那一年，小沃森顺利进入了布朗大学学习。由于荒年带来的困境，校园里大街上到处是面带菜色的人群。但小沃森这种上层阶级的富家子弟显然没有受到多大的影响。

只是，进入大学后，小沃森完全将父母的劝告抛在了脑后，他每天只顾着吃喝玩乐，不理学业，当起了百分之百的花花公子。那时，出于追求新鲜玩意儿的好奇心理，小沃森还参加了一个特别的组织，名字叫作皮司兄弟会。

这个组织的成员全部都是富家的公子哥，他们最大的特点就是花钱如流水，出手也异常阔绰。在校园里，他们是被艳羡的一帮人，拥有自己的公寓和汽车，夜晚是他们狂欢的时刻，每到周末，他们会满载各种漂亮姑娘一起去周围的郊区游玩，喝酒跳舞，纵情享乐。

当时，19岁的小沃森每个月有大概300美元的生活费。300美元，在当时的美国相当于一个普通家庭一个月收入的两倍。除了基本的生活费，小沃森还能得到不少额外的零花钱。

后来，当沃森被宣传是全美收入第一人后，大家对小沃森的关注度更是有增无减，他成了那个组织中地位最突出的人，许多漂亮姑娘也开始怀着各种目的接近讨好他。

只是，此时小沃森的心中已经有了一个合适的人选，早在高中毕业之前，一个名叫伊莎贝拉·亨利的姑娘就使他深深着迷了。

伊莎贝拉是一位年轻漂亮的姑娘，和小沃森一样出身名门望族，从小过惯了养尊处优的生活，一味地贪图浮华享受，却缺乏青年人该有的进取心。由于家境和性格上的相似，他们很快走到了一起，但在不到两年后，他们就分道扬镳了。

显而易见，小沃森还没有遇到那个最适合自己的人。

2. 离开现金公司

1914年的冬天，托马斯·沃森经历了人生中的一次最大的风暴。在事业蒸蒸日上之际，直接跌落谷底，他失业了，被帕特森一脚踢出了现金公司。

这对沃森来说无疑是个巨大而严酷的打击，虽然情况还没有十分糟糕，沃森还没有沦落到破产卖房的地步，但在经济上的确受到了一定的打击。

这一切都源于帕特森多疑的性格，他本能地对员工抱着极端不信任的态度。所以，当沃森的名望越来越大时，帕特森害怕了，所以毫不留情地将其赶走了，仅仅给了他5万美元的赔偿金，以及那辆一直开着的小轿车。

此时，沃森新婚不久，妻子和刚刚出生的儿子都需要他的赡养。但是，他被解雇的消息已经传遍了原来的城市，没有人敢再雇用他，这里俨然没了他的立锥之地。

房子是帕特森送的，车子是帕特森给的，连最后的5万美元，也是帕特森给的赔偿，沃森原本以为能一直在现金公司干到退休的，谁知道竟在即将40岁的时候面临失业的窘境。这么多年，他辛辛苦苦建立的生活保障，就这样毁于一旦。

没了安身之地，人生又待何如？无奈之下，他拖家带口，带着妻儿来到纽约，寻找新的工作机会。

是的，落魄如他，并没有就此垮掉。虽然失掉了工作，沃森对工作却仍然没有抱着敷衍的心态，他认真地筛选着每一个到来的机会，挑剔且认真。多年来，他早已练就了一番绝技，而且颇有声望。各式各样的商品在他手中，就不愁卖不出去。这样的他怎能不自信？他相信自己绝对有能力找到工作。

在他拒绝的公司当中，不乏在国际上颇有声望的。他在挑选工作时颇有技巧，比如他不会选择为海军制作潜艇的电气船舶公司，因为他很清楚使用潜艇的只能是国家军队，他推销这个根本就没有前途。

当时正是第一次世界大战爆发的时期，战火已经在欧洲蔓延开来，出于相同的考虑，他也没有接受名叫雷明顿的武器公司的招聘。因为他知道，虽然这家公司此时生意异常兴隆，但战争一旦结束，这家公司也就离倒闭不远了。

另外，干了十几年的推销员之后，如今的沃森已经不满足于只做个领工资的经理，他也希望能分红控股，但却缺乏买一个公司的资本，也缺乏赚钱经商的头脑。

找工作是一个双向选择的过程，经过这样一番苛刻的挑选后，沃森最终选中了计算机制表记录公司，它便是赫赫有名的IBM公司的前身。这个公司后来的发展证明，沃森确实有独到的眼光。

随着时间的推移，IBM的公司业务在历史上书写了无数光辉业绩，成为无法被超越的奇迹。

1930年，IBM业务部门推出了名叫"Daily Dial"的新款考勤机。并且，此机一经推出，便很快风靡了美国的各个地方。

1934年，著名的405型会计运算机被推出。

1935年，《社会保障法》在美国颁布，各公司对计算设备、统计需求激增。

1937年，沃森前往柏林参加了著名的国际商业大会，沃森因此当选为商会主席。大会第三天，沃森与希特勒私下里进行了一次会谈。正是这次会谈，天性乐观的他被希特勒的个人魅力所打动，天真的他甚至相信了希特勒做出的"绝对不会打仗"的承诺。在他眼里，希特勒并不像外界传言那样恐怖威严，相反他十分坦诚热情，像个大孩子。

大会结束后，纳粹政府授予沃森德国鹰勋章，以表彰IBM公司给德国带来的特殊贡献。当时，沃森是欣然接受的，并感到颇为自豪，直到1940年，在纳粹法西斯率领军队强占了大部分的欧洲土地之后，沃森才意识到自己受骗了。

盛怒之下，沃森把那枚勋章寄了回去，更附上了一封短信，信中强烈谴责了纳粹组织的行为。

这便是沃森的真性情。他本意只是想为国际贸易乃至世界和平做出贡献，所以，当他发现纳粹政府违背了自己的宗旨，便毫不犹豫弃之而去。

3. 偶遇弗林特

托马斯·沃森是幸运的，因为总能在低谷时遇到伯乐。这一次，他加入计算机制表记录公司，也是因为他的新伯乐——查尔斯·弗林特。

他遇到弗林特纯属偶然。那时他失业两个月，弗林特是华尔街最红的金融家，两人相遇、相识、相谈甚欢，自然而然地引为知己。

从表面上看，弗林特并没有什么特别。他看上去六十五六岁，小个子，满脸的山羊须和络腮胡子，但是由于在信托行业的出色表现，人们都亲切地称他为"信托大王"。

每个人都有自己的传奇，弗林特也不例外。他发迹于创办橡胶公司，并在其中起到关键而决定性的作用。如今，他涉足的领域十分广，从飞机和汽车工业，再到军火买卖，他经验丰富，有过一本万利的时候，也有过赔钱的时候，但生意就是如此。

弗林特对托马斯·沃森的名字早有耳闻，用久仰大名四个字来形容也不为过。所以，当他听说沃森离开了现金公司，便有意邀请他合伙加入自己的公司。很快，沃森就被聘用为当时弗林特公司的经理。

这个名为计算机制表的公司是弗林特在1911年和别人一起组建拼凑而成的小杂烩。公司主要生产磅秤、天平、制表机和计时钟等。

本来产品的市场预期是很不错的，可惜弗林特经营不善，公司因周转不灵欠下了许多债务，几次濒临倒闭。全公司上下共有1200名职工，都在担心着是否会被清算的问题，士气低落，忧心忡忡，董事会对公司的将来也不抱有任何的希望。

对此，弗林特决定采用新的方法来挽救大局，这个方法就是引进一位新经理，虽然可能达不到预期的效果，但至少能够多少减轻一些股东们的损失。

当然，托马斯选择进这个公司也自有他的理由，计算机制表公司令他大感兴趣，是因为它的产品(特别是制图机和计时钟)同办公室里的职员们有很大关系。

1980年，为了帮助政府部门的人处理当年的普查结果，工程师霍勒雷司曾经自己研究发明过一种制表机，并用于保险公司和铁路的会计部门。托马斯一眼就看出了这种产品的前景和改进的余地，他坚定地认为它一定有广阔的市场前景。

托马斯认为，美国正在以它前所未有的规模来发展工业，各大公司需要寻找自动化的工具来使他们从工程浩大的文书工作中解脱出来。

所以，上任之后，他采取的第一个行动便是向担保信托银行借贷5万元，全部用于研究开发制表机的经费。

一开始，银行并不愿意把钱借出去，因为他们公司已经欠债高达400万元，但沃森的一席话却让他们改变了主意，他是这样说的："这笔钱以将来为目的，而负债表的价值却只能证明过去。"

当然，结果再一次证明了沃森的独到眼光。由于有了周转资金，制表机很快得到改进，并且十分有利地开拓了本身的市场，使得公司的利润上升不少。

有了利润，公司便能正常运转，他的第一步棋虽然冒险，但走得漂亮。之后，为了鼓舞员工们的士气，他还将前老板帕特森的方法搬了过来，通过创办公司学校、制作内部报纸、创编响亮的歌曲与口号等方式增加团队凝聚力。

事实上，托马斯将现金出纳公司好的一面统统模仿，坏的东西则抛弃掉。纪律方面，他也始终对公司里的员工严格要求，丝毫不敢放松大意。

但这并未掩盖住沃森本性中温情的一面，由于自己之前饱受帕特森一脚踢开的痛苦，沃森在来到这个公司之前就已经决定，在自己任职的这段时间内，绝对不会解雇任何一位员工。他很清楚地告诉各位员工，虽然他是他们的老板，但他十分需要他们。

此刻，他的任务就只是改变别人的困境，由于有过多年在社会底层摸爬滚打的经历，沃森的心里比谁都清楚，获得下属对自己忠诚的最好方式就是对他们表达自己的尊重；因此在为IBM公司创造的口号中，沃森曾经提出过一条——"尊重每一个人"。

尽管自己的脾气暴躁，但沃森毫不掩饰自己对下属的关心，公司里员工的福利待遇和工资都将同类公司远远甩在身后。

托马斯·沃森在自己的岗位上一直兢兢业业，并且设身处地为员工们着想，他曾在恩地科特看中一家酒店，将它改造成了一个俱乐部。

只要属于IBM的员工，每位只用象征性地交纳1美元，就能够加入俱乐部。整个场地一共包括一个射击场和两个高尔夫球场，饮料则全部免费。另外，为了减轻员工妻子的家务负担，俱乐部每周都会免费供应三顿晚餐，关怀可谓细致周到。

除了俱乐部以外，沃森还为员工准备了免费的音乐会和图书馆，并且还开设了夜校以提高员工的素质。

当然，托马斯·沃森的努力也很快得到了回报，员工和亲属对这位新领导十分赞赏，并为自己在IBM工作而格外自豪。他的举动也使公司的凝聚力不断增加，即使在那个工会运动频繁发生的年代，IBM依旧保持着自己独有的稳定。

那么IBM公司内部的具体情况究竟怎样呢？其实我们完全可以从小沃森的眼中得到答案，这个朝气蓬勃的小伙子，在大学毕业之后便来到IBM实习。

小沃森是怀着美好憧憬来到这里的，但是，爱玩的他很快发现，这里和自己的想象简直完全不同。不单单是枯燥的学习，他们的生活也异常艰苦。

当时，他和其他学员一起住在恩地科特一家旅馆中，这家旅馆结构老式，和小沃森平常生活的环境简直有着天壤之别。在这里，每个人都没有多少能够娱乐的时间，学员们的生活除了学习还是学习，单调而又枯燥。

不甘寂寞的小沃森一开始也十分郁闷焦躁，但因为自己是总裁的儿子，时刻有无数眼睛盯着自己，他在内心时时提醒着自己，要维护父亲的面子，绝对不能在他的公司让自己给他丢脸。

那些日子，小沃森和同学们每天都遵守着十分严格的作息规律。每天早上，他们会迎着"思考"走入校园，然后开始崭新一天的生活。

每次上课之前，全校师生都会共同起立，一起高唱着公司的歌曲。

一直没有专心学习过的小沃森从此开始了他一生中最难捱的时光，作为总裁的儿子，各方的压力都向他袭来，他不得不埋头苦干，弄懂书上的每个字每句话。

IBM此时将打字机作为自己的工作重心，与此同时，沃森仍然在尝试电动打字机的生产。

电动打字机是一种计算机器，它通过机械式地在纸带上打孔，输出数据、计算和记载，打印出来各种报表，因此也叫打孔机。打孔机的出现是计算工具历史上的意义重大的革命，它成功地解决许多有关现代计算机出现以前无法解决的问题。

小沃森来到此地的时候，打孔机和当初相比已经有了很大的发展，它的精密度在原来的程度上也提高了很多。

每分钟打孔机能处理的卡片数是400，除了复制出公司所需要的会计数字，它还兼有了打印地址表和付款单的职责。

虽然小沃森从小就接触打孔机，对它并不感到陌生，但他很快就遇到了棘手的问题，打孔机的使用并没有他想象中那么简单。

学员们需要从原理和操作这两方面来掌握打孔机。在练习接线头这一项学习任务中，小沃森费尽了九牛二虎之力也没有搞清楚，学校只好专门给他配备了一名教师辅导，使他不至于落下太多。

但是麻烦还远远不止这些。

不知是出于什么目的，在竞选班长时，校长做了点儿手脚，把班长的位置让给了小沃森，这使得一贯以品行不佳而著称的小沃森不知所措。

每每走在大街上，许多不认识的人总会对小沃森指指点点，这个全美首富的儿子对他们而言永远是个新奇的话题。

在恩地科特，小沃森内心深处无比地压抑，沃森的影子充斥着各个角落，他有形或者无形地控制着这里。

"一切始自推销"在这里被演绎到了极致，得到了充分的体现，细致入微的销售教育使小沃森深刻地体会到了IBM独特的精神和经营的理念。

有时为了检查，沃森也会来到销售学校，每次当他来到的时候，经理们都异常紧张，惧怕他会挑他们的毛病，因为沃森是以在鸡蛋中挑骨头而出名的。

一般情况下，在别的公司，参加培训的老师都是销售业绩并不十分好的员工。但在IBM，这种情况得到了逆转，培训的教师们都属于精英级的人物，为了保证学员们能学到最好的经验，教师必须要定期更换。

销售实习的过程中，IBM安排学员作为老推销员的帮手，并采取了"传帮带"这种特别的方法，以便使学员们掌握销售技巧。

小沃森的经历充分向我们说明了IBM的销售学校内部的具体情况，在培养销售人才这方面，IBM一直都走在时代的前面。

虽然IBM一直走在时代的前面，但是被各媒体称为"全美收入最高的人"的托马斯，他的实际财务状况却并没有那么乐观。在那些胡乱计算财富的废纸上，显示着这样一个重要信息：直到20世纪30年代中期，托马斯才真正摆脱债务困扰，那时他已是60多岁的老人。

他并不是个传统意义上的守财奴，在花钱的方面往往令人异常吃惊。实际上，他从来没有积攒过资本，婚后的8年时光里，他总是拆了东墙补西墙，经济十分拮据，就连去欧洲的旅费，他也是打着开辟分店的旗号借来的。

另外，只要手头有些钱，他便会全部拿来买公司股票。当时买股票是合算而正确的投资，他只需要付原股10%的钱便可以买下看上的股票，并且，他的股票经纪人深谙其中的商机，每每股价上涨时，便会暗示沃森抛点股票捞油水。不过沃森更加注重于长线发展，并不想只获得短期收益，因此他并不听投资人给他的劝告。

但有时沃森的野心太大了，总想一口吃个胖子，所以这种做法也让他吃了大亏。1921年，美国经济大萧条，不懂得抽身而退的沃森公司差点儿便因此倒闭，还好命运眷顾勤奋之人，大量的贷款帮助他撑了过来。1929年，第一次经济危机来袭，IBM公司再一次幸运地度过了这次危机。

但1932年的那次危机就没那么幸运了，公司股票严重下跌，200多个点瞬间就垮了下来，沃森此时只能尽全力借钱来维持公司的差额支付。他将此事告诉了儿子，当时情况十分凶险，如果股票的价格再下跌个几美元，他将别无他法，就只能宣告破产。

当时，托马斯拥有IBM不超过5%的股份，这是他所有的财产，一旦公司垮掉了，他也就会沦落为一个身无分文的穷汉。

但聪明如他，颇为懂得商业规则，他始终相信一句话：资金流动是让自己出人头地的最快方式。这句看起来十分匪夷所思的话蕴含了沃森对钱的认知哲学，所以当他本人缺钱的时候，从来不会惊慌，对他而言，钱总是手到擒来。

是的，这一次他又挺过了危机，虽然过程充满艰辛。

4. 一份绅士的薪水

当沃森被弗林特雇用时，他对弗林特说过这样一番话："只有一份绅士的薪水才能使我养活全家。"聪明的弗林特听了这句话之后顿时心领神会，连忙答应下来："我明白，你该得到你想要的报酬。"

凭着自身的天赋和努力，到小沃森上大学时，托马斯已然成为了全美收入最高的人。

后来，小沃森回忆父亲的教育时说，父亲偏向把抚养儿子的责任推向别人，但总是会在言行举止上言传身教，教他如何像绅士一样有礼节，懂礼貌。对于沃森来说，这是他多年生活中学会的最重要的技巧。小沃森感激地说，正是父亲的言传身教，让他获益颇多，让他逐渐懂得"拿一份绅士的薪水"的真正含义。

终于，小沃森走出了IBM销售学校大门，那一刹那，他真真切切地意识到，自己和父亲一样，成为了一名推销员。只是，尽管经过了父亲多年的悉心教导和两年在学校里学习的时光，小沃森对于自己的推销能力仍然抱着怀疑的态度，他也没有足够的信心和勇气同客户打交道。

"万事开头难"，不到20岁的小沃森坚信，第一次推销是十分重要的，它的成功会使今后顺利得多。很快，他在马丁公司遇到了职业生涯中的第一个挑战。

进入马丁公司后，小沃森直面自己的客户，心中异常紧张。

他努力克制着自己，清了清喉咙，同接待员打起了招呼，在介绍了打孔机之后，他拿出了名片递给接待员，不一会儿便被总裁邀请了进去。

小沃森十分开心，他打起了腹稿，琢磨着如何向总裁先生宣传公司的产品，用什么方式打动他。

总裁微笑着站起身来和小沃森握手，看上去十分平易近人："欢迎光临。哦，你是托马斯·沃森的儿子？"

"是的。"

"现在，让我向您介绍我们的打孔机，它的好处有很多，最重要的一点是，帮您提高工作效率……"

可是令小沃森始料未及的是，总裁先生粗暴地打断了他的话。

"请恕我直言，我对那个机器根本没兴趣，我见你只是因为你是沃森的儿子。你请吧!"他不客气地指指门。

虽然对这些话感到愤怒和委屈,但小沃森只是默默地拎着皮包,离开了马丁公司。

虽然第一次推销并不成功,但是后来小沃森逐渐在推销工作中找到了感觉,并被这项工作深深吸引。

他通常像别的推销员一样,把客户带去观看示范,并且将有兴趣的客户邀请回公司做个调查,让他们在比较之后选择他们喜欢的产品。

"国际50"是IBM公司里最便宜的机器,整套包括一个打孔键、一个卡片分类机和一台制表机。机器每月的租金十分便宜且合理,只需要50美元,而在当时,一个女办事员每月的工资至少90美元,顾客一比较,纷纷都选择了机器。

小沃森凭着自己的努力完成了越来越多的销售任务,在此期间令他吃惊并且钦佩的是,IBM的销售理念和方法的确与众不同。

在内心深处,他对自己的父亲又增加了几分钦佩。

5. 公司走出泥沼

会计计算机在多个国家销售的方法是由独立的代理商代理销售的。沃森凭着自己敏锐的商业触觉,始终相信,终有一天欧洲会成为计算机的消费大户。但他并不赞成由代理商代理销售这种办法,中间商的出现会使他们丧失掉一大块利润。

而他确实也是这样做的,几年以内,他循序渐进地采取措施,逐渐将海外销售置于IBM公司的直接掌控之中。这样,没有了中间商吃回扣的环节，公司的利润在很大程度上得到了保障。

在小沃森15岁时，美国股市迎来了第一次大崩溃，这个巨大的经济打击直接导致了肖特黑尔镇两个人的自杀，自杀事件在那个社区的震动十分巨大。

受这次金融风暴的影响，沃森的财产也损失了不少，经过艰苦的努力，他也不过是维持了账面的平衡。尽管如此，他还是主动担负起了那两名死者子女的教育费用，如此善良的心地使很多人对他敬佩不已。

只是，谁也没有料到，这次的风暴还没过去，1932年的经济大萧条就浩浩荡荡地来了。这一次，IBM的股票开始暴跌，但奇怪的是，公司的利润却丝毫没受影响，而沃森的收入一直居高不下。

许多人知道沃森的经济状况丝毫没有受到影响后，便开始跑来借钱，而他也是有求必应。那段困难的时期，他至少向那些困难的人们借出了十几万美元。即使是他不熟悉的人，他也从来不驳他们的面子。只是经济状况好转后，镇上的几个人不还钱，这让他有些生气。

和大多数企业界人士的看法一样，沃森认为经济衰退只是暂时的行为，他如总统罗斯福那般，始终坚信经济危机过后便能迎来繁荣。另外，他还认为对付大萧条的最好方法便是扩大生产，也一直努力在困境中寻找出路和机会。

比如，在机器滞销的时候，他便会转换思维，让工厂先生产零部件，存在仓库以备需求。并且，他还会雇用更多的人，并督促原来的推销员更加努力工作。

多年后，他仍然喜欢向同事们说起一件往事。那是一次偶然的机会，沃森在看画展的时候碰上了兰德公司的总裁基姆·兰德，他是IBM在制表机上最主要的竞争对手。

时值1933年，经济正处在最低谷，兰德胸有成竹，认为自己一定赢定了。

他对沃森说："听说你仍在雇推销员？"

沃森回答："是的。"

兰德摇摇头说："这种时期，许多公司正忙着解雇，你却仍在招人，不可思议。"

"基姆，这几年我仍然在发展着。"沃森说，"我已快60岁了。60岁，这是个容易出事的年纪。一些人开始酗酒，一些人开始对小姐有兴趣。我和他们不同，我只是想雇用推销员，仅此而已。"

就经营商业办公机器而言，沃森从一开始就比别人幸运得多，罗斯福新政期间，IBM比原来的规模大了两倍。1933年初，美国通过恢复法后，企业就需要向联邦政府供应大量统计方面的材料。

当时，政府机构急需几百台机器处理有关价格控制、社会福利以及公众工程的计划，其中许多都是来自于IBM。1935年，美国社会安全保障机构建立，山姆大叔成了IBM最大的用户，另外，为了避免陷入公文泥沼之中，许多重要的公司都纷纷发来订单，想要购买他们的打孔机处理数据。

就这样，IBM又火了一次！托马斯不仅使公司摆脱了泥沼，还让它取得了巨大而显著的成功。

第四章 雷厉风行发家史

1. 更名IBM

　　从沃森接手CTR开始，公司经历了世界大战、西班牙流感、经济危机，虽然外界的环境一直都不尽如人意，甚至对公司的发展有着很大的阻碍，但是沃森并没有被逆境打倒，他还是凭着过人的商业天赋顺利将CTR公司扭亏为盈。度过了开始时的艰难岁月，公司的业绩开始慢慢上升。

　　随着公司的逐渐发展，沃森的野心也越来越大，他的目光不再仅仅局限于小小的美国市场，也不再仅仅满足于生产诸如碎纸机、土豆削皮机等简单的机械。他认为，企业的发展壮大首先要根据自身实力扩展自己的版图。努力打开其他市场，扩大需求，通过增长的需求去刺激企业的生产，这样的良性循环可以让企业拥有越来越大的市场和越来越强的生产能力，使企业逐步健康地发展壮大。

　　为此，沃森决定进行一次尝试。经过一番考虑后，他于1917年首次尝试为CTR公司换一个更符合当时发展状态的名字。他认为，CTR，即计算制表记录公司，名字毫无市场倾向，既不能说明企业未来的发展方向，也不能很好地吸引客户的注意；既不能说明公司的发展目标，也没有什么闪光点。

　　好的企业要让客户在听到它的名字时就能够产生一定的兴趣，这样才能最好地达到吸引一切潜在客户的目的。如果现在的名字不能达到这个标准，就说明这个名字并不适合公司，它不能促进发展。

　　经过深思熟虑，他想到了一个在他心中的完美的名字。而沃森想到的名字就是现在大家耳熟能详的IBM。IBM是英文Internationa lBusinessMachinesCorporation的缩写，翻译成中文的意思是国际商务机器公司，从这个名字就可以看出沃森对这个公司寄托的厚望。

他希望公司能够走向世界，成为能够为国际商务市场提供其需要的商务机器的大企业，在电子领域能够有所发展。这也是他第一次尝试不再局限于美国市场，开始开拓公司的海外市场，努力使公司走向国际。

也正是在1917年，沃森成功地使IBM公司进驻了加拿大市场。他的大胆和果断使这个"尝试"在公司的发展史上写下浓墨重彩的一笔，IBM终于叩开了国际市场的大门。而这个成功也在一定程度上证明，IBM这更具有国际意味的名字对公司在拓展海外市场上是具有一定作用的。

它不但能够鼓舞员工为实现"国际"而奋斗，也使客户在听到这个名字时就明白公司的诉求，不但能吸引注意，也能增强客户的信任。

但是这个更改后的名字却并没有用于美国国内，而只是进驻了加拿大而已，董事会并没有决定将总公司更名，因为在当时"国际商务机器公司"是个有几分狂妄的名字。当时的整个经济环境是保守的，而在公司的名字中出现"国际商务"几个字过于大胆。

董事会的反对并没有让沃森放弃自己的想法，因为这并不单是一个简单的名字变更，这也寄托了他将IBM的版图扩大到全球的愿望，更是对公司未来发展方向的决策。他致力于将公司推向国际，不会因为某些反对的声音而放弃自己的理想。

在协调公司名称的过程中，沃森也没有停止发展国际市场的脚步。

在沃森的不懈努力下，1919年CTR公司成功进入欧洲市场。同时，在他的领导下，公司创办并成功发行了第一期内部刊物——TheT.MBusinessRecord。

这一年，公司的技术也有了新的突破，创造并推出了电子同步计时钟系统。接下来的几年，虽然公司在拓展市场方面没有什么新的进展，但CTR依旧蓬勃发展着。

1920年，公司的技术人员成功研制了时钟签名记录器，也获得了较好的市场反响。1921年，CTR公司获得了当时的皮尔斯财务处理机器公司和芝加哥票券印刷公司的专利和设备。这也在一定程度上扩大了CTR公司的业务范围。多样化的业务服务为它在国际市场上的进一步发展打下了很好的基础。

在沃森不断的争取和公司良好发展状况的证明下，公司董事会终于在1924年松口，同意将公司的名字正式由CTR更改为IBM，这也算是变相地同意了沃森对公司未来的考量，是对沃森进军国际战略思想的赞同。

这意味着这家公司从更改名称的时刻起就有了更为远大的理想——全球发展。这一年沃森50岁，相信这是他收到的最好的生日礼物——董事会对他的决策的认同。

1924年2月5日，公司的纽约证券交易所代码也进行了更改，从此世界上没有了CTR，公司以IBM的名称活跃于国际市场。在这之后沃森也通过了董事会的考验，正式出任IBM公司的董事长。

2. 走在行业的尖端

沃森出任董事长之后，他仅用了短短一年，就完全控制了IBM的董事会，让公司能够准确按照自己的想法发展。

当时，美国经济已经得到恢复增长，企业也开始迅猛发展。当时的美国总统约翰·卡尔文·柯立芝（JohnCalvinCoolidge）曾经说过一句话"美国的事务就是商业发展"。这短短的一句话已经表明了在那个年代美国主流社会的想法，这种想法刺激了当时美国在商业方面的发展，出现了很多投机者。

经济一派繁荣景象，但是也在几年以后造成一个十分严重的后果——经济大萧条。可是当时的人们并没有意识到飞速发展的背后所隐藏的恶果，大家都沉浸在公司业绩迅猛增长的快乐中。

此时，IBM公司也和当时的其他企业一样业绩大增。公司的业务重点逐步确定为"打卡式"设备。沃森认为公司目前的发展状况已经比较平稳，无论是新产品的研制还是新市场的开发都在有条不紊地进行中。

所以是时候将一部分关心移至企业文化的发展，完善企业的灵魂，增强公司的凝聚力，同时他也觉得要好好学学怎样管理员工，让员工能够高兴地为企业创造更大的价值。

沃森在公司发展的各个方面都努力做到尽善尽美。在员工管理的方面，乔治·弗朗西斯·约翰逊（GeorgeFrancis Johnson）提出的"自由"、"善待员工"、"公平"等观念深深影响了他。

在对待员工时他尽量改变自己强硬的性格，他明白以和善的态度鼓励他们远比训斥他们更利于提高员工的工作积极性，而且员工虽然是下属，但是大家都是平等的，不能因为职位不同就差别对待。

这也促使了后来IBM的"必须尊重个人"理念的形成。沃森认为不管处于什么位置，每一个IBM的员工都是同等重要的。这种人性化的管理也在一定程度上增进了IBM公司员工的工作热情，进而提高其工作效率。可以说，善待员工、尊重员工也能够在员工身上获得同等回报。

沃森也非常重视公司员工的建议，成功的人都善于从其他人那里获得正确的、有益的意见并加以应用。沃森能够很好地接受建议，也就是他能从别人的思想中获取促进企业发展、改进决策不足的东西，这无疑是有利于企业健康发展的。

在接受员工建议方面有一个有趣的例子。IBM有一名员工叫作哈里·埃文斯（HarryEvans），他是个非常喜欢唱歌的人，为人也很幽默，在1925年他向沃森提议创作属于IBM的歌曲，歌颂公司和公司的高层管理人员，通过这种方式加强IBM公司的团结和公司员工的活力，这个建议得到了沃森的大力支持。

哈里·埃文斯为公司的高层管理人员、重要技术人员等都谱写了个人专属的歌曲。虽然他们创作的歌词在现在看来很肉麻，但是也不能完全否定歌曲的作用，它不但增强了公司的凝聚力，也加强了公司员工之间的交流，增进了员工感情，对公司的发展还是有积极影响的。这项活动经过20多年才随着时代的发展渐渐消退。

在这个时期沃森将关注的重点市场逐渐由美国转变为更为广大的欧美市场，IBM公司的员工也一直在增加。根据当时的资料显示，1925年IBM在美国的总公司员工总数比1920年增加了约200人，这也从侧面证明公司在逐步从1920年到1921年的经济危机中走出。

一切情况都很乐观，尤其是在1926年以后，IBM的制表仪、打孔器、印刷机等机械都卖得非常好，甚至以前一些没有市场的产品——比如一直处在亏损边缘的某种计量仪器，在这段时间也逐渐开始盈利。

在沃森的带领下，IBM公司随着美国经济的复苏飞速发展，同时也在按照他的进军全球战略继续发展国际市场。

1925年，IBM公司成功进入日本市场。至此，在当时的同行业竞争者中，市场方面IBM的发展足迹已经到达了欧洲、美洲、亚洲，而且正处在不断扩张的阶段。

公司业务种类繁多，技术更新方面有许多优秀的发明家与技术人员，同时还拥有许多技术专利，所以，无论从哪个方面来看，IBM公司都是当之无愧的行业尖端，引领着同行业的发展。

IBM的发展是火箭式的，但火箭式的发展也有到达顶峰的时候，IBM也不例外。1929年，IBM股票市价216美元，比1927年的54美元整整翻了4倍，沃森也因此狠狠发了一笔大财。只是，乐极生悲，灾祸往往出现在得意忘形的时候。

1929年10月29日，沃森为沃德·福特举办了一个庆祝他在IBM工作40年的聚会，时间定在下午茶时间即下午三点。在大家都准备在聚会上狂欢时，他们不知道的是股市大抛盘开始了，从这天上午开始华尔街已经是一片惨淡，这一天股市的损失达到了上百亿美元，无数工厂倒闭，无数富翁破产，一夜之间变成穷光蛋。

在这场震撼全美的经济危机面前，IBM公司的高层管理人员都十分焦急，手中持有的股票让他们手足无措。大家都在等待有神奇商业头脑的沃森能够出来指明方向，让IBM能顺利度过这不知何时能结束的经济大萧条。

3. 应对经济大萧条

1929年，美国的经济大萧条开始了，就在IBM的高层管理都在为他们的未来而忧虑时，经过了近20天的苦苦思索，终于在11月18日，沃森召集IBM公司的所有高层管理人员到公司开会。

在这次会议上，他首先为大家说明了现状，IBM公司销售量发生了大幅度的下滑，他本人也很苦恼，但是在这个时候高层管理人员的消沉会影响员工，当所有人没有精神工作时，公司怎么可能在萧条中崛起？

　　他劝慰大家一定要打起精神来，虽然业绩下滑，市场也濒临崩溃，但还是有很多事情要做，在这样艰难的环境中，唯一能让IBM公司顺利度过经济危机的办法就是发动所有员工积极思考，只有努力工作，才能获得最后的胜利。也许这个危机正是一个击败对手的机会。

　　此时IBM的高级管理者们，都被沃森的冷静和理智折服，他们相信，在他的带领下公司一定能够走出此次困境。经过和高管的讨论，沃森做出了以下决策。

　　首先，公司的新产品、新技术研发部门不能停止工作，财务部门要尽最大努力保证研发部门有足够的经费。

　　在1931年1月12日，沃森决定拿出IBM公司上一年收入的6%约100万美元，建造属于公司的第一间实验室。这种果断的行动让当时世人为之震惊，因为经济大萧条，几乎全美国的大小企业都在最大可能地缩减开支，这样巨大的一笔研发费用可能没有公司会同意支出。

　　但是沃森以他冷静的头脑判断，即使市场萧条也并不意味着没有需求，而且萧条总会过去，所以研发费用无论如何都不能减少。

　　沃森指挥财务部门增加对欠债企业的催款力度，提高现金流。原材料采购部门要在保证质量的前提下降低采购成本，开源节流才能保证企业有足够的资金。

　　在1932年，全美所有银行都因为经济危机而暂停营业，这使许多企业都因为无法获得贷款而遭遇商业资金断流，但是IBM公司因为沃森的正确决策而躲过了这一劫。

　　其次，沃森认为发生经济危机是因为市场生产不足而不是大家普遍认为的生产过剩。所以，IBM公司将继续扩大生产，而且绝对不会裁员。

在这次经济危机中，按照沃森的一贯经营理念，只要公司的现金流没有断，就一定要坚持不懈地生产。

无论外部环境有多么恶劣，也不管那些经济专家有多悲观，沃森始终都坚定地认为，现在的萧条是暂时的，经济繁荣的景象就在不远的未来，而目前在他的认知中对抗经济大萧条的最好方法就是不断根据自身实力扩大生产。

由于当时的市场不景气，很多机器生产好了但是卖不出去，沃森就决定只让工厂生产机器所需的零部件，储备在仓库，以备公司以后生产需要或市场需求。

公司庞大的市场版图也为这次的生产带来了好处，当时，国内外的各分公司，在总公司的要求下，按照专业分工，不同公司生产不同的零部件或设备。这个举措促使各个分公司形成相辅相成、相互合作的关系，一方面可以最大限度提高公司的生产效率，另一方面也可以进一步提高技术水平。

最后一点就是针对客户。沃森宣布公司的销售部门用几倍于以往的销售力度，争取抓住市场仅剩的少量客户。同时公司服务部门要更为主动地对待客户。

沃森非但没有像其他公司管理者一样大量裁员，相反他招聘了许多产品推销员，并开始培训新的推销员，让他们能尽快开始工作。他还教给他们如何在困境中吸引客户注意进行推销，即在出门与客户见面时带一本在1935年IBM公司出版的能够免费订阅的杂志《Think》。

这本杂志是面向员工和客户的，书中内容丰富，包括当时总统罗斯福的演讲稿，著名发明家福里斯特所写的文章。推销员携带这本杂志的目的是，在与客户见面谈话时，如果对方的表现很冷淡或者对他们介绍的产品不感兴趣的时候，就拿出IBM的杂志请客户阅读。

这种做法不但可以使双方的对话在生意还没有彻底谈崩前获得一定的缓和，同时也能够为推销员与客户的第二次见面创造一个可以被客户接受的机会，增大了客户购买产品的可能性。

在沃森的创造力引导下，IBM的服务部门甚至开展了一项新的业务——免费咨询。直至今日，咨询业务也是商务市场上的热门业务，而沃森早在80多年前就有预见性地开始提供客户的免费咨询服务，这也是当时的一项创举。事实上现在免费咨询业务在IBM公司也是其三大业务之一。

这些与当时其他公司的普遍应对方式不同的办法在实施的过程中也不是一帆风顺的。沃森必须在许多反对的声音中坚持住，而且这种坚持也是要付出一定代价的。董事会与沃森的冲突在1932年开始的时候尤为严重，当时在纽约证券交易所，IBM公司的股票价格已经由1929年时的辉煌跌落到1921年另一场经济危机时的水平。

我们可以想象到IBM公司的股东们会有多么愤怒，虽然整个大环境中所有企业的状况都很差，但他们还是不愿意接受之前11年的所有努力全部白费。因此，董事会中有一批人提出了要求沃森下台，撤销他的董事长职务，换一个较为保守的董事长。

幸好在大萧条开始时期被沃森的坚定举措折服的部分董事，和一直受他领导的IBM公司高层管理者纷纷在股东大会上支持他，坚决保住了沃森的职位，这场撤职风波就这样很快平息了。

通过沃森公司员工的不懈努力，在1932年，也就是距离危机爆发仅仅两年多的时候，IBM公司就在经济大萧条的背景下，实现销售额突破2000万美元大关。这在当时的企业中简直是不可想象的高业绩，这种成功也为员工和股东带来了足够的信心。

事实证明沃森的判断是准确的，经济复苏很快就会到来，在当时被认为是一场豪赌的决策——提高生产能力、开发新产品新技术和大量招聘优秀的产品销售员、推销员是无比正确的。

随着罗斯福总统推行新政，越来越多的事实证明沃森赌赢了。尤其是罗斯福新政中的《社会保障法案》对IBM公司最为有利，因为这项法案使当时的美国政府对统计设备和计算设备的需求量迅速增大。一直按照沃森的决策运行的IBM公司到1937年，年收入已经高达3100万美元，比1932年增长了1000多万美元，这简直是经济大萧条中的奇迹。

不过像沃森这样性格非常自信，同时能够果断地坚持自己意见的人，做出经济危机中的判断和强硬且与众不同的决定，反倒没什么奇怪的。

沃森后来也提到，他从这次不同寻常的成功中总结出一条对不同环境普遍适用的正确决策：有时候只需要有一点儿敢于与他人不同的疯狂、能够坚持到底努力工作并时刻做好准备，那么最后幸运一定会降临。

4. 日进斗金的人

当经济危机席卷美国时，每个公司个体都是那么弱不禁风，有的公司倒闭了，有的开始大批裁员，但沃森选择反其道而行，他不仅没有裁员，还招聘了大量的推销员。

这样的做法，在当时的人们看来是十分疯狂的，他甚至受到了竞争对手的明嘲暗讽。但是，结果是最好的证明，正是这种不随波逐流的智慧使IBM公司能够接得下几年后经济好转后的大规模订货。

在这个无数公司倒闭的时期，IBM公司的规模却扩大了两倍！由于在大萧条时的成功，沃森也获得了一项殊荣——成为被载入美国商业史的第一位CEO，这也是首次有现代意义的CEO载入史册。

从某种意义上讲，这次经济危机非但没有对IBM公司造成毁灭性打击，反而为它提供了很多有益的锻炼机会，并且为其未来提供了一个获得辉煌成就的机会。1933年后沃森的赌博终于开始有了收获，在经济极度衰退的几年时间，IBM公司积蓄了足够的力量，公司规模扩大后成功一跃成为知名大型企业。

成果最为突出的1933年，当时《国家恢复法》在国会通过后，美国的社会安全保障机构根据其中规定，开始大量订购统计、计算方面的机器，这样大量的订单只有IBM公司能够完全接下，就这样美国政府机构成为IBM公司的最大客户。

IBM公司能够获得成功，沃森一定要感谢的一个人就是罗斯福总统。是罗斯福新政为IBM公司的发展提供了最大的机会。

1933年3月4日，美国政界发生一件大事，富兰克林·德拉诺·罗斯福就任美国第三十二任总统。上任后5天，新总统罗斯福就针对经济危机提出了"百日新政"。

在他的说服下，美国国会通过了《紧急银行救济法》，法令规定全美银行必须重新开业。法令生效后的几天内，美国境内就有14771家银行遵守规定重新开业，这使因无法贷款引起的企业商务资金断流的危机得以解决。

"百日新政"过后罗斯福总统仍致力于制定新的法令，争取尽早让美国走出经济大萧条。在他的指挥下政府雇佣了大量失业人员，并让他们负责市场上消费者及仍在就业的劳动者的劳动权益保障等有关权利方面的工作。

经过罗斯福总统的努力，《社会保障法》和《工时法》分别在1935年和1937年生效，这两项立法就是IBM公司发展的机会。这两部法令规定美国的企业管理者必须为当时在职的2000多万工人的薪水、每日工作小时数、每日加班小时数，加班薪酬等各个方面进行十分详细的记录。

这2000多万份记录都需要强大的计算机和专门的统计考勤用机器，这么大量的需求让IBM公司生产的考勤机、计算机等获得大卖。

在这一时期，沃森与罗斯福总统成为很好的朋友，作为罗斯福新政的受益者，他也为罗斯福总统推行更多新政提供了大量的支持。

事实上，罗斯福新政的实施也并不是一帆风顺的，当时有一些反对者，当常著名的布鲁金斯学会以及一些著名资本家，甚至经济学家佛利德曼，都对罗斯福新政提出了很多批评，认为罗斯福新政虽然维护了资本主义制度，也仅仅是对资本主义下的生产关系进行局部调整，但是国家政策对经济的干预力度增大，实质上就是通过政府的行政力量，将资本主义社会累积的社会财富，分散给社会底层人员。以这种方式使经济逐步恢复平衡，促进经济恢复的同时，极大地消减了一些资本家的财富，也与当时主流的自由经济理论相悖。

在和罗斯福总统的交往中，沃森更多地感受到了自己的政治责任。他认识到罗斯福新政虽然对部分大资本家的利益有害，但是其积极影响是不可否认的。它不仅减轻了经济大萧条对美国社会的破坏，还促进了社会各行业生产力的恢复，同时也使资本家与社会底层人士的矛盾得到一定程度缓和。

当然，罗斯福新政对沃森本人所领导的IBM公司也是有益无害的，所以他坚定地支持总统实施新政。

从长远来看，沃森的支持也收到好的效果。不但IBM公司迅速发展壮大，同时美国在罗斯福新政的影响下也避免了像德国、意大利等国一样走上法西斯之路，他也算是为美国的健康发展贡献了一份自己的力量。

沃森的这一场豪赌还带来一个意外的好消息，由于IBM公司在经济萧条期也同样加大了研发力度，得以超越同行业中最大的竞争对手雷明顿·兰德公司。同时沃森对产品及技术研发的投入在之后的产品竞争上发挥了关键作用。

无论是IBM公司在1933年推出的285型数字打印制表机，还是在1934年推出的405型字母会计机，都在市场上获得了良好的反响。

20世纪30年代初，IBM公司开始根据自己的技术研发进入打字机行业，从那时候起它开始生产打字机、打孔机、会计计算机等一系列产品，并逐步推出电动打字机等新产品。

而到了20世纪30年代末，IBM公司的销售额已经达到3950万美元，其利润更是高达910万美元，这个数字远远超过了其他几家同行业大公司的利润总和。因此，IBM顺理成章地成为了当时全美国最大的商务机器公司。

这一切成绩都离不开沃森的英明领导。公司一步步获得更大的成功，沃森的薪水也逐渐增多，根据他在就职初期与IBM公司签署的薪酬协议计算，他每日的工资高达1000美元。这样的数字放在现在也算高收入，在当时更是一度成为全美第一高工资。

1936年，美国政府公布了一份全美最高收入者名单，沃森以36.5万美元的年收入荣登榜首，他也因此被业界称为"日进斗金的人"。对于这样的称呼，他是很有压力的，但是看看IBM公司在他手中的发展，人们都觉得这是他应得的。

5. IBM销售学校

沃森在成为董事长之前也是在社会底层打拼的推销员，自己的成功经历让他深深明白，产品推销员对一个公司产品销售的重要性，销售在企业发展中是与生产同等重要的环节。在他领导下的IBM公司，更是将销售部门视作公司最重要的部分。

了解了推销的重要性，新的问题就产生了，怎样才能够为IBM公司培养出合格的推销员呢？沃森在1914年就十分有先见之明地建立了自己的销售学校。

在当时社会上，推销员是不受人尊重的，大家普遍对推销员存在很大的偏见，他们觉得推销员为了推销产品经常满嘴谎话，不值得相信，所以从事这一工作的人也有限，正因如此，沃森创建的销售学校对企业发挥了很重要的作用，能够为公司提供足够的销售专门人员。

这个销售学校的建校宗旨是为公司培养更多的管理人员以及销售人员。IBM公司有一种企业精神——忠诚、热情、创造，这个学校就是为了培训学员的这种精神，忠于公司，用饱满的热情去不断创造，共同努力让公司不断向前发展，让自己与公司同时获得成功。

IBM公司的销售学校的气氛也非常积极向上，一走近就可以看到大门写着"Think"——沃森提出的一个重要思想。销售人员必须要有一定的思考能力，有属于自己的想法才能更好地说服客户购买产品。

开始时学校在治学方面十分严谨，无论是教学的老师还是受训的学员，都统一着装——黑色西装，白色衬衫。每天上课之前都要一起唱美国国歌《星条旗永不落》和IBM公司的专属歌曲《永远向上》，这在一定程度上使受训人员在正式入职以前就能够形成一个团结的集体。

IBM销售学校非常注重授课教师的选择。在他们开始教学之前，全部要经过严格的选拔和训练。这些教师经常选自IBM公司在销售部门有突出能力的员工，这些人不但十分擅长推销产品，而且有非常精准的洞察力，和对市场营销发展前景的敏锐的直觉。虽然表面看来这种做法是在将销售部门的一流人才从推销工作上暂时撤下来，有可能会使IBM公司的一些销售工作遭受损失。但是，事实上IBM公司拥有一支完全经过培训的销售团队，这种短期的损失很快就能够被其他的销售精英弥补。同时为了尽量减少不必要的损失，又使受训人员能够从那些有实际推销经验的人那里得到最新的市场信息和销售技巧，IBM公司选拔出来担任授课教师的授课时间，都不超过两年。

而且这种安排对被选拔人员也有很多优惠政策，根据以往数据，有75%的教师在从销售学校回到推销工作时得到晋升机会，获得经理之类的职位。

IBM公司明白，如果销售学校提供的培训不合格，将会导致推销人员的频繁更换，花在解雇和招聘上的费用会远远超过开展保证质量的培训的费用，而且这种销售人员的更换也会损害公司在市场上的形象。

同样，提供咨询服务的人频繁更换，也会使那些长期咨询的客户的利益受到损害，因为有很多时候咨询都是有连续性的，了解来龙去脉的员工能够给客户更好的建议。正是意识到这一点后，沃森决定从IBM公司每年的收入中拿出一部分用于支付巨额的销售学校日常费用和培训费用。

虽然整个培训的流程看起来并不是很复杂，但是事实上要成为一名合格的IBM公司的专业销售人员需要在IBM销售学校里接受两年的系统化培训。沃森创造了一套完整的培训体系。

培训的第一阶段是初步培训，将会持续一年时间。主要运用销售现场实习和教师课堂授课相结合的教学方法。每个学员大约有四分之一的培训时间是在IBM公司的销售学校度过。在那里学员可以学习有关营销的技巧和专业知识。其余的时间将在IBM的各个分公司中度过，那时学员们会运用在销售学校中学到的知识进行实践。在实习期间，要求也很严格，学员们要和普通的推销员一起与客户见面，也会大量参与有关产品营销的分公司会议。

在这些学习过程中授课教师和实习分公司的销售部门经理都会密切关注大家的表现，检查并监督他们完成销售学校内的课程和实习时的销售任务。

第二年就是对销售的深入学习。IBM销售学校的学员们将在课堂上跟随老师全面地了解公司的历史、发展等方面知识，并接受企业文化、企业精神的学习。

这些结束后大家都能对IBM公司有一个完整全面的了解，这也十分有利于增强企业凝聚力，培养企业荣誉感。之后授课教师将带领他们研究市场竞争和营销技能，也会像第一年的学习过程一样，讲授一段时间理论知识就会进行相应的实习，而这时的实习不再仅仅是对学到的知识进行巩固，现场实习之后，还会有更深入的理论研究。

这是为了让学员能够先学习知识，然后加以应用，最后在应用的过程中得到升华，更好地理解那些枯燥的理论。自己在实践中思索而获得的知识会在脑海中留下更为深刻的印象，也比死记硬背的东西更有益于以后的工作。

在两年的共同学习实习过程中，IBM公司的受训学生从中学到了熟练的营销技巧，丰富的营销知识。经过两年的系统学习，他们学会了怎样分工合作，只有共同开动脑筋思考，互相配合才能用最快的速度解决问题。这些都是在实际工作时非常有益的能力，IBM公司的销售人员都有非常多的机会和财务部门、生产部门的员工一起工作，合作能力是至关重要的。

沃森创造出的IBM销售学校对IBM公司的发展非常有益，经过系统训练的销售人员在培训合格后就会被派往美国，甚至其他国家的IBM分公司，为产品销售贡献自己的力量，也正是这些人让IBM公司获得了更高的业绩。

第五章　父与子

1. 顽劣的小沃森

虽然沃森在治理IBM公司管理下属时非常有威信，但是这个大儿子却生性顽劣，从来都不愿意听他的话，是个让沃森非常头疼的孩子。

有一次甚至气得他一边追着小沃森打，一边叫骂："你这个小混蛋，不用等我来教训你！以后世界就有办法让你学乖！"

小沃森从小就爱调皮捣蛋和搞恶作剧，因为他的名字托马斯可以被简称为汤米，所以他在家乡一直被人叫做"可怕的汤米"。

小沃森上学后更是给学校和他父亲惹了无数麻烦。在他11岁那年，当时非常流行一种皮夹克，小沃森恳求父亲，希望自己也能得到一件，终于，在生日那天沃森把那件皮夹克作为生日礼物送给了儿子。

但是，就在生日的第二天，小沃森在放学回家的路上看到许多孩子在玩火，于是，他想起了印第安人用烟火做信号向同伴报信的故事，也想造出这种信号烟的他毫不犹豫地脱掉新夹克蒙在火上，结果可想而知，生日礼物就这样被烧得一塌糊涂，回到家后，生气的沃森将他一顿胖揍。

小沃森上学的地方是镇上的国家学校，管理并不是很严格，在一个学期内，如果学生做错事没有超过50次，学校就不会开除他。

但他的犯错次数总是要超过30次，有时候要有40多次。学校的惩罚方式也很简单，就是在星期六的时候要围着教室在老师和同学的注视下跑上几圈，一般犯错的孩子都只跑10圈就可以了，但是小沃森由于犯的错误太多，有时候必须跑50圈才可以。

只是，这样的惩罚对于他来说一点儿用都没有，有时他甚至变本加厉，更加顽皮。

小沃森做的最出格的"坏事"发生在12岁那年。当时，在外闲逛的他遇到了一个流浪汉，流浪汉告诉他，给黄鼠狼剥皮的时候可以把臭腺液挤进瓶子里。因为一时好奇，他就从流浪汉那里买了一瓶弄好的黄鼠狼臭腺。

回到学校后，他想到了一个坏主意，即在全体同学集合前，将刚买到的臭腺液全部倒进了学校的主通风管道，刹那间，学校的整个集合大厅都臭气熏天。

学校的校长兰斯先生质问学生们臭味是从哪里来的，一阵沉默之后，小沃森承认了是自己把黄鼠狼的臭腺液倒进学校的通风管道。

这天晚上学校召开了一次董事会，作为校董事会成员的沃森知道这件事后被气得火冒三丈，回到家后狠狠教训了儿子，而小沃森也被罚暂时休学，在家好好反省错误。

虽然沃森经常被儿子闯的祸惹得大发脾气，但是他对儿子的爱并没有丝毫减少。在小沃森13岁时，不知何因得了哮喘，病情刚刚开始好转，又突然出现了严重的沮丧和抑郁。长大后他回忆自己当时好像一瞬间丧失了意志力，躺在病床上不想起来，也不想去吃饭，经常感到恐惧，慢慢的连和人交谈也开始有困难。

虽然当时正值经济大萧条，但是沃森还是尽力关心着儿子，也为他安排了许多类似夏令营之类的活动放松心情。

2. 火车上的教育

虽然小沃森并不是一个让人放心的孩子，沃森也经常对他发火，甚至打他，但是在内心深处，他还是希望自己的大儿子能够好好长大，多学些做人的道理和经商的手段，最后继承自己的事业。

所以沃森经常把儿子带在身边，而且在他很小的时候就会带他去公司，长大一点儿后就介绍高层管理人员给他认识。

在小沃森的记忆深处一直都有父亲在第一次坐火车时对他的教育。

那是他们全家去旅行的时候，由于是第一次乘坐卧铺火车，他什么都不懂，站在包厢里手足无措。

沃森看到后走过来，耐心地教儿子怎样从车厢中的梯子爬到卧铺的上铺，告诉他坐在上铺后要先把窗帘拉好，这样才能保护自己的隐私，以及最重要的——怎样用火车上的洗手间，毕竟上厕所是谁都无法避免的事。

那时候为了方便排队等待的人用洗手间，火车上会提供一个长凳，让乘客可以坐着等待。沃森带着儿子来到长凳前坐下，等到其他人都用完之后，他就一边示范正确的使用方法一边开始了教育。

沃森告诉儿子，火车上的洗手间和附带的洗漱间都是公用的，排在后面的人会根据他们看到的你的举动来判断你是否有修养，是否是一位真正的绅士。

他教导儿子在洗漱前一定要先将洗脸盆清洗干净，做好准备工作才能开始洗漱，而且自己洗好后也不能就那样直接走掉，一定要再次清洗洗脸盆，把自己留下的垃圾都扔到垃圾桶里，全部清理完毕后才能离开。

虽然一开始小沃森只是硬着头皮照着父亲的步骤做，但后来这渐渐变成了他的习惯，终其一生都保持着整洁的使用习惯，维持良好的公共环境。

沃森希望通过这件小事教导儿子注重细节上的修养，并且学会用自己的良好行为去影响别人，比如在洗漱间，如果你很干净地用完，那么后来的人多半也会照做，大家就都能有一个整洁的公共洗手间。

同时在旅途中，火车上包厢有为他们服务的服务员，沃森经常在儿子面前给他们小费，出手一点儿都不小气，经常是10美元或20美元的给。

虽然在当时的西方社会给服务员小费已经是不成文的规定，也是一种礼貌，但是小沃森觉得他父亲给的太多了，20美元已经差不多是普通员工一个星期才能挣到的钱了。

于是他问沃森，为什么要付给火车包厢的服务员那么高昂的小费。沃森看到自己的举动得到了他想要的效果，他正想借此机会教给儿子如何礼貌地支付小费。于是他告诉儿子，付给服务员高额小费有两个原因。

第一点，火车包厢的服务员非常辛苦，他们不能像乘客一样晚上还有豪华的卧铺可以睡，服务员只能挤在非常狭窄的乘务室休息几个钟头，他们要睡得比乘客晚，起得比乘客早，为了服务好乘客连一个好觉都不能睡，所以这么高的小费是他们应得的，是对他们辛苦的感激。

第二点，作为一个公司的管理者，出门出差的机会太多了，而在出差的途中遇到最多的就是服务员还有司机。如果在给小费的时候不注意的话，就会破坏自己辛辛苦苦建立起来的形象。同时作为一个管理者，自己的形象也代表着公司的形象，所以在这一点上做得好，也会在无形中为管理的公司树立一个慷慨大方的美好形象。

在火车上的这两次教育虽然不是什么惊天动地的大事，但是对小沃森的影响非常深远，这种细节上的修养使他受益终生。

同时父亲的教导也让当时还小的小沃森有了一种感觉，就是以后一定要接任IBM公司的管理职位。这个想法吓坏了他，有一次竟然想来想去后害怕得哭了起来。

他的妈妈看到后急忙问他怎么了，是不是被人欺负了。小沃森回答妈妈，他不想到IBM公司去工作，更不能接任父亲的职位，他没有任何能力。他的妈妈非常奇怪，因为从来没有人对儿子说过那样的话，担心过后，她把事情原原本本地告诉了沃森。

沃森来到儿子的卧室，问他为什么会有这种想法，他认为儿子有权利选择自己感兴趣的职业。

沃森还告诉儿子，自己的父亲也就是小沃森的爷爷当初也不想让他做推销员，而是希望他能学法律，因为律师在当时是又高薪又体面的职业，但是最后，他还是按照自己的意愿从事了与商业有关的职业。爸爸鼓励了儿子一番，小沃森才平静下来，不再胡思乱想。

虽然沃森嘴上一直在安慰儿子，但是其实他并没有改变最初的想法，所以一有机会他还是在尽力教导小沃森商业知识，多次带他到IBM公司去见世面，看看真正的商业工作是什么样子，他一直在用自己的方式教育儿子，希望在潜移默化下儿子可以同意接任。

这从小沃森13岁的时候照的一张照片就可以看出来，在照片上父子两人肩并肩地站着，两个人都穿着长款大衣，深色西装，都戴着礼帽，小沃森也穿了商人的正装。

现在来看，沃森的教育方式是十分睿智的，在面对孩子的理想时，他虽然有自己的想法，但还是尊重儿子的意见，没有粗暴地反对。

相反的，他在日常生活中不断潜移默化，久而久之，小沃森就改变了自己的初衷，最后他作为一个合格的管理者接任了IBM公司的董事长，并且领导IBM公司走上了新的高峰。

3. 为了儿子上大学

小沃森的学生时代极其顽劣，他先后换了三所学校，用了整整6年的时间才将高中念完。不过他也有骄人之处。

在读高中的时候和同学们一起参加了划艇队，经常要参加比赛。这项水上运动本来就是他非常擅长的，加入之后不久就成为划艇队的主力队员，整个团队的成绩也在他的带领下越来越好，最后他们得到机会去英国参加国际划艇比赛。

小沃森非常高兴，从小老是闯祸的他现在终于也有了可以向别人炫耀的东西了。因为参加比赛要去英国，所以他去找了自己的父亲，希望沃森能为他所在的划艇队捐一点儿活动经费。

看到儿子的成绩，沃森也非常高兴，慷慨地一下子就拿出了2000美元，比小沃森预想的几百美元多很多。

得到父亲鼓励的小沃森兴高采烈地带着队员，用父亲给的钱去了英国，顺利参加了比赛。回到美国后，他的考试成绩已经出来了，有三科不及格。

这么差的成绩根本就申请不到什么好的大学，甚至想上任何大学都有些困难。

沃森也为这件事烦恼了很久，儿子的成绩没有办法改变，就要从别的方面下手。

他想到了他的老朋友本杰明·伍德。本杰明·伍德是一位著名的学者，也是在美国名校哥伦比亚大学教育系任教的教授，就是他发明了闻名于世的标准化考试方法，沃森相信他的这位老朋友一定有办法帮儿子申请到一个过得去的大学。

本杰明·伍德给小沃森写了一封非常有水准的推荐信，将老朋友的儿子推荐给美国非常著名的普林斯顿大学。在信中，他写得非常恳切，他认为小沃森的高中成绩虽然不是很好，但是在自主思考和领导能力等方面，高中毕业生很少有能比得上老友的儿子的。

他觉得试卷上的分数并不能真正反映小沃森的真实水平、能力、毅力和天赋，他希望普林斯顿的校长不要只看分数，小沃森不能用成绩衡量，假以时日，一定会成为栋梁之材。

看过老朋友写好的信，沃森非常感动，这也算是为小沃森的令人难堪的成绩寻找到了合适的理由，他的儿子并不是脑子笨，成绩并不代表所有。但是不幸的是那位校长并没有因为这封信就接受了小沃森，在校长心中成绩还是占有很重分量的。

沃森见此情景只好亲自约见校长，希望在自己与校长见面谈过以后，对方能够改变想法。

但是，事与愿违，尽管这位掌管着IBM公司的董事长亲自出面，普林斯顿大学的那位性格倔强的校长还是拒绝了他的请求，不接收小沃森进入普林斯顿大学学习。

知道这些事情后的小沃森也很沮丧，他很后悔读高中的时候没有多花点时间用来学习，如果他能有好一点儿的成绩，父亲现在也不用这样低声下气地求别人招收自己，还一次又一次地被人拒绝。

看出儿子情绪低落，沃森在做推销员时那种不达目的不罢休的劲头又出来了，他安慰儿子，一定会有一所大学愿意接收他的。

在一个晴朗的日子，沃森开着车带着儿子在各个有可能的大学间奔波，但是，一天过去了，两个人仍旧一无所获，没有任何一所大学愿意接收小沃森。

在回去的路上，小沃森也在脑海中思索有什么学校可以去试一试。

对学校的位置他还有一点自己的想法。那时候他才19岁，正处在青春期的小沃森爱上了一个女孩，她的名字叫伊莎贝拉·亨利，这位美丽的姑娘在当地社交非常活跃，而且她也有了优秀的男朋友。

两个人相识是因为小沃森的高中同学康威·潘德的介绍。那年夏天小沃森和康威在俱乐部跳舞，这时伊莎贝尔和她的男朋友也来了，美丽的女孩总是引人注目，康威主动走去和他们两个搭话，又介绍小沃森和他们互相认识，这时小沃森已经对伊莎贝拉一见钟情。

后来他甚至对伊莎贝拉表白了，而且伊莎贝拉也并没有拒绝她。在选择大学时因为伊莎贝拉住在缅因州，所以小沃森不想离心爱的女友太远。

思来想去，小沃森突然想起他有一个高中时很好的朋友申请到了布朗大学，这个大学位于罗德岛，距离伊莎贝拉并不远。

于是他对父亲说，要不然明天去试试布朗大学，看看行不行。沃森想既然儿子的朋友都能申请到，那么儿子也很有可能成功，就同意了儿子的建议。

第二天一早，两父子又开车来到了布朗大学，到了之后，沃森一打听才知道一个意料之外的好消息，布朗大学的校长是克劳伦斯·鲍勃，这位鲍勃先生也算是他的老朋友了。

原来沃森在一个叫罗切斯特的地方居住时就已经认识了克劳伦斯·鲍勃，那时鲍勃先生还是一位牧师，两个人当时关系还可以。

找到关系后，事情就更容易解决了，经过一番叙旧，布朗大学的校长一口答应下来，经过这么多波折，小沃森终于可以进入大学进行真正深入的学习了。

值得一提的是那位让小沃森选择了布朗大学的姑娘伊莎贝拉，在大学的前两年，两个人的感情非常好，小沃森经常开着车去波士顿接在那上学的伊莎贝拉，然后回缅因州约会。

但是在1935年的夏天，回缅因的途中伊莎贝拉突发奇想希望小沃森能把车开到蒙特利尔，两个人在那里结婚，这个浪漫的想法一开始打动了小沃森，但是仔细考虑过后，他觉得这样的做法太过疯狂，便理智地拒绝了伊莎贝拉的提议。

原本只是一件小事情，但伊萨贝拉却很是不依不饶。几个星期以后，她给小沃森打了一个电话，告诉他两个人之间的爱情结束了，他们就这样分手了。

4. 宽容的慈父心

上了大学之后的小沃森并没有因为之前四处奔走找大学的经历而有所改变，他开始了富家子弟那种吃喝玩乐随意挥霍的生活。

小沃森对学习没有任何兴趣，在大学刚开始的那年，他爱上了开飞机。其实小时候小沃森就对飞机非常感兴趣，但是一直都没有机会学习，上了大一后，他就开始接受飞行训练。当驾驶飞机翱翔在天际时，那种自由无可比拟，玩乐之余的大部分时间他都会驾驶飞机飞上蓝天。

在冬天的时候，小沃森参加了当地红十字会组织的工作，空运粮食到英国的南塔吉特岛，可见在父亲的影响下，小沃森也成了一个愿意尽自己最大能力帮助其他人的绅士。

在开飞机这件事上沃森十分宽容，他知道飞机是儿子在精神上的寄托，但是在得知儿子有时候会在半夜驾机出发时，这位慈爱的父亲也非常担心，他让朋友转告儿子，开飞机是个很好的兴趣，但是要记住，疲劳的时候一定不能驾驶飞机飞行。

3个月后，学校主管教学的校长阿诺德先生就请小沃森去了他的办公室谈话。考试成绩出来了，可想而知，小沃森这个从来都不把学习放在心上的人，考得又是一塌糊涂。阿诺德校长是一个非常和善的人，他只是对小沃森说，他的成绩有点儿差，他相信小沃森能获得更好的成绩。

小沃森在大学也没有遇到什么好的室友，他的室友名字叫戴维，也是一个富家子弟，他经常和小沃森一起出去寻欢作乐。戴维的父亲什么都不管，所以戴维也不在乎会不会被开除。

戴维的疯狂举动在整个学校都很出名。他养了一条狗，但是自己不愿意喂，于是他给狗在学校附近的饭店里买了用餐卡，把卡系在狗的脖子上，又带着狗走了几遍，教会了狗怎么走。从此以后，这条狗只要饿了就可以跑去那家饭店，饭店的服务员会喂它，并且在狗的用餐卡上打孔记录。

那时正值经济大萧条，学校里好多家境贫困的学生连饭都吃不起，可是一只富家子弟养的狗却一天好几次出入饭店。很多人都在背地里议论戴维。即使这样，小沃森还是和他成了很好的朋友。

沃森对儿子在大学里面的表现知道得一清二楚，但是他并没有训斥小沃森，还为他提供非常多的零用钱。

后来小沃森曾经问过父亲，为什么能够容忍他在学校的表现，沃森回答说："我宁愿让我的儿子没有压力地待在正规的大学里多多少少受一些熏陶，也比不上学在其它地方胡闹好。"

沃森宽容了儿子的所有错误，他只对儿子说不能被学校开除，既然已经开始读了大学，就一定要拿到文凭。

小沃森读到大二的时候，阿诺德校长再一次找到他，告诉他如果再这样下去的话，就一定会被学校开除。阿诺德表示非常遗憾，他也不希望小沃森离开。

小沃森心里深受震动，他知道自己不能再这样荒废下去了。

当天他就去找了戴维，小沃森告诉戴维他要开始学习了，戴维听了之后没说什么，继续一个人吃喝玩乐，过了不久就被开除了。看到戴维的下场，小沃森越发坚定了认真学习的决心。

毕竟耽误了将近两年的学习不是几天就能补回来的，小沃森觉得这一次的考试他可能还是过不了关。

他没想到，考试之前他得了阑尾炎，手术住院让他推迟了考试，他又有了一个多月的准备时间，最后小沃森顺利通过了考试。

在这之后，小沃森的各种荒唐举动有所收敛。有一次一些同学找他一起喝酒、狂欢，当时开心得不得了。第二天，小沃森就开始为这一次的放纵而后悔。回到家后，他找到父亲，并向沃森忏悔，讲述了昨天发生的所有事，和自己的内疚。

听了这些，沃森非常高兴，他知道自己的儿子已经明白了是非对错，并且愿意为自己犯下的错误承担责任了。于是他也给儿子讲述了自己戒酒的原因。

沃森在像儿子那么大的时候也非常喜欢喝酒，当时他的工作是在镇上推销缝纫机。有一次，他一天的业绩非常好，为了庆祝，他把装有缝纫机的马车停在小酒馆的外面，自己跑到里面喝了起来，一杯又一杯，一直喝到酒馆打烊，沃森醉醺醺地出门，结果令他大吃一惊的是整个马车都被人偷走了。

沃森不得不赔偿了缝纫机老板的所有损失，也丢掉了这份好不容易才找到的工作。更糟糕的是这件事在附近传开了，老板们都觉得沃森是个不负责任的人，所以之后的一年时间，沃森都找不到稳定的工作。

从那时他就明白喝酒误事，在后来做了IBM公司的董事长后还规定员工工作期间禁止饮酒，沃森也不会重用在没有工作的时候酗酒的人。

父亲的话对小沃森产生了深远的影响，他开始控制饮酒，并且开始认真考虑自己的未来了。

5. 信中的爱

小沃森读到大四的时候开始思考未来，毕业了之后该何去何从。他知道自己在学习上面一知半解，是不会有什么前途的，但是在待人接物、与人沟通时可以做得很好，他懂得怎样给别人留下好印象，知道如何抓住别人谈话的重点。

小沃森决定利用自己在人际关系上的长处，从事一些需要面对面谈话的工作。

在那时有一定商业头脑的小沃森还利用自己熟练的驾驶飞机的

技巧和朋友一起做起了空中照相的生意，虽然生意不大，但是小沃森却有了退学用所有时间开飞机的想法。

思虑再三，对于直接放弃学业他还是有些犹豫，最后他对自己说："我都在这所大学里面过了三年，不能因为一时的诱惑就放弃，一定要顺利毕业，拿到文凭。"所以他还是继续了学业，在大四认真选择必修课程，并认真学习，尽自己最大的努力，顺利通过了考试。

小沃森给父亲打了电话，他希望沃森能给他安排一个在IBM实习的工作。

接到电话的沃森非常高兴，他很快就给儿子在销售部门安排了一个实习工作。这份工作刚好能很好地锻炼与他人交流的能力和对人际关系的处理技巧，小沃森高兴地开始上班了。

早在小沃森上大学时，沃森就经常给儿子写信，关心他的身体，教导他不要虚度时间，做些有意义的事。

可惜的是，当时的小沃森并不愿意看这些满篇的大道理，很多信他收到后连拆都不拆就直接扔掉了。这也让他在后来特别懊恼。

小沃森进了IBM公司工作后，沃森给他写的信就更多了，一个有工作的人不能再像在大学时那么任性了，沃森希望能够通过自己的信时时提醒儿子，一定要认真工作，负起应该承担的责任。

小沃森也改变了过去的习惯，父亲的每一封来信他都仔细阅读后保存起来，这些信件一直都陪在他的身边，在以后的岁月里鼓励他，鞭策他。

小沃森曾经在自己的自传中提到正是父亲在信中孜孜不倦的教诲和鼓励，使他一边在IBM公司实习，一边完成了大四最后一个学期的课程。

最让小沃森记忆深刻的一封信就是在1936年12月的时候收到的

那封。信中沃森写道：

"我的儿子，你要永远记住，我们的生活并不是很复杂，不要被其他经历复杂的人的话迷惑。

"随着年龄的增长你会越来越成熟，那时你就会明白一个人是否能成功，或者能不能得到幸福，其实都取决于很少的几件事，下面我就用我的方式把我心中的人生准则描述给你。

"人生的负债有贪婪，过分保守，缺乏激情，不注意细节，不好的朋友，冷漠不懂关心他人。

"人生的资产有理想，注重仪表，真挚的友情，关怀的心，无私，自尊自爱，抵挡诱惑的毅力。"

这些发自肺腑的话感动了小沃森，他不再觉得父亲的信都是长篇累牍的说教，他开始听从父亲的建议，用父亲的人生准则要求自己。

从此，父子两人的关系也开始渐渐变好，以前连话都不愿意和父亲说的小沃森开始主动和父亲聊天，向父亲请教自己遇到的难题。

在父亲的鼓励下，小沃森一天天成长起来，他已经不再是那个只会挥霍的花花公子了。

第六章 战争的乌云

1. 希特勒的勋章

1937年的夏天，沃森接到任命书，以国际商会主席的身份前往欧洲接受荣誉，这对于他乃至整个沃森家族来说，都是一件体面的大事，虽然那时两个儿子的毕业典礼在即，但他还是在英国国会的邀请下，带着妻子和女儿前往欧洲。这一次，他是带着荣耀前去，唯一的遗憾是错过了两个儿子的毕业时刻。

在英国，他荣幸地受到了乔治六世的接见，那是乔治六世登基第一天的上午，他是英国新国王的尊贵客人，穿着宫廷礼仪的服饰，胸前别着一排耀眼的勋章，大步走过白金汉宫的大厅，与英国国王绅士般地问候交谈。

大儿子汤姆·沃森保留着父亲那日的照片，在《父与子》一书中，他骄傲地描述道：

"当我还在去欧洲的船上时，父亲荣幸地受到了英国新国王乔治六世登基第一天上午的接见。我有一张父亲大步走过白金汉宫大厅的照片，他装扮一新，穿着宫廷仪式的服装，到膝盖的短裤，黑色的长筒袜子，锃亮的高级皮鞋。他的胸前挂着一排闪亮的勋章，这都是IBM公司业务所在国赠予的。"

当时，小沃森收到了日本问题专家赫伯特的工作邀请，问他能否前往远东担任一夏天的秘书工作。赫伯特在新闻界是很有名气的，小沃森因为接到这样一份重要的工作邀请很是喜出望外，他当即回了信表示愿意。但他并不知道，这份工作是父亲拜托老朋友给他的，自己的所有费用全由父亲承担。

当然，小沃森并不想要错过父亲当选商会主席的荣耀时刻，于是，他与赫伯特约定在国际商会的举办城市柏林会面，然后经莫斯科，再乘火车前往远东。就这样，小沃森踏上了前往柏林的旅途，国际商会将会于6月末召开。

1937年的国际商会年会如期举行，这个在当时与国际联盟一个级别的商业组织引起全世界的关注，1400多名代表出席了年会，沃森挺着腰板大步踏入会场，以商会主席的身份接受世界的瞩目，他说："通过世界贸易达到世界和平。"后来这句话更是成为了国际商会的宗旨。

那一年，战争的乌云已经笼罩了世界的天空，纳粹分子蠢蠢欲动，德国局势更是紧张，希特勒已将莱茵兰地区武装了起来，为大规模的军事战争做着准备，柏林的气氛更是紧张万分，纳粹时时上街破坏犹太人的商店，抢占他们的房子，还折磨他们的精神和肉体，沙俄与德国也在对峙着，战争一触即发。

小沃森说："很多人希望像父亲这样的商人能阻止战争的爆发。"但是受人瞩目的托马斯·沃森，如外交家般穿梭在盛大的场面之中，对战争持绝对的乐观态度，他没有看到犹太商人由于政治原因迫不得已地放弃了自己巨大的家业逃离德国，他没有看到林登大街在帝国国会大厦周围戴着钢盔手拿佩枪的军人虎视眈眈的姿态，他没有看到德国的外交家在抢来的犹太富翁的别墅里悠闲地喝着花茶聊着天，他没有看到……

他德国商会的朋友再三地保证会阻止希特勒，阻止战争，朋友的乐观保证更是使他极度乐观，而他的极度乐观主义也使他看不清德国紧张的局势，使他看不清德国的真实面目，他一味地看到德国人对商业大会的欢迎，却不知道德国人并不喜欢关于国际贸易的思想，因为在即将开始的战争中更需要自给自足的经济保障，而国际贸易会摧毁这种保障。

没有人知道希特勒的想法，也并不是每一个人都有机会直接知道希特勒的想法，但在大会的第三天，沃森便有了机会。那一日，他与希特勒在私下里进行了一次会谈，在会谈中，他开诚布公地问希特勒关于战争的问题，希特勒一本正经地回答说："不会有战争，没有国家希望打仗，也没有国家能够承受得起。"

沃森完全被希特勒的道貌岸然蒙蔽了，他以为自己面前的人是一个谦谦有礼的绅士，是一个不爱战争不喜杀戮的和平人士，对他赞赏有加，在会见记者时也是不住赞扬希特勒的真诚，他以为不会有战争，一切都是美好的。

大会结束的时候，在希特勒的授命下，纳粹政府决定授予沃森一枚十字勋章，它呈现着儒雅的白色，十字周边镶着金子，闪烁着夺目的光芒，它的上面更是刻着由万字符巧妙装饰着的德国鹰，尽显锐气与奢华。

这种勋章是希特勒专门派人设计出来的，特地颁发给那些尊贵的并且对德意志帝国和纳粹政府有贡献的外国客人。就这样，不知希特勒真实底细的沃森将其看成了极大的殊荣，高兴地接纳了勋章，并一直妥善保管。

沃森并不知道希特勒的真实嘴脸，也不知道埋在骨子里的阴险与欺骗，他只是单纯地认为希特勒是个儒雅的绅士，是德国政府的最高领导人，而对于希特勒手下的纳粹党和军队，他也认为只不过是如同其他国家那般，都是为了国家安定而设立，没有侵略的企图。

因此，那时的他对希特勒有着发自肺腑的敬重，希特勒授予的奖章，在他看来也是一种荣誉，至少，在希特勒发动战争之前，他认为是一种荣誉。

但是谎言总有揭穿的一刻，希特勒的真实面目慢慢展露出来，当沃森知道希特勒的铁蹄在欧洲肆意践踏的时候，他因被欺骗而感觉到十分愤怒，于1940年，将那枚讽刺的勋章退还给希特勒，并附有一段义正言辞的话，来表达他的愤怒，以及愤怒中的正义，他的话如下：

> 阁下：
>
> 1937年6月在柏林召开的国际商业大会上，我们讨论了世界和平与国际贸易。在那次大会上我当选为此组织的主席。你曾表示决不会再有战争，并说你要致力于发展与他国的贸易。
>
> 几天后，你的代表斯哈科特以德国政府的名义授予我一枚德国鹰十字勋章，以表彰我为世界和平和世界贸易做出的努力。我是为此目的接受了这枚勋章，并向你表示过我将继续为这项事业的利益而合作。
>
> 就目前你的政府政策来看，已经违背了我曾为之奋斗和努力的目标，也违背了我接受这枚勋章的宗旨。因此，现在我将它归还于您。

每个人都有自己的原则，有自己的价值观和正义感，沃森是一个正义之人，他热爱和平，不喜战争，憎恶恶意的欺骗，对破坏和平的刽子手也没有丝毫的好感，当得知希特勒的阴谋后，他在愤怒中显示出自己的正义，只是他仍旧是个绅士，愤怒也要彬彬有礼地表达出来。

这块希特勒授予的勋章，在沃森的一生中，只是一个小插曲，却折射出一个真实的沃森，他擅长交际，乐观正直，虽然偶尔也会犯错，但人非圣贤孰能无过，这样的沃森更加的真实、鲜活。

2. 直面战争

国际商会结束后不久，小沃森踏上了远东之行。这是他第一次只身前往遥远的国度，对此，他戏称说"这是我第一次在大庭广众之前亮相"。

作为父亲，沃森自然也是放心不下的，他特地在百忙之中挤出时间与儿子交谈，并委婉地告诫他说："汤姆，你要去一个非常不寻常的地方，那里有各种各样的疾病。如果我是你，我会非常小心，总是用干净的毛巾。如果你在刮脸时割破了自己或什么时候碰破了皮，你使用的毛巾又不是真正的清洁，那你可能患上严重的传染病。"

当然，他的这番话并不仅仅是要儿子注意清洁，还暗示小沃森不要接触那些品行不端的女人。对于这个顽劣的儿子，沃森是放心不下的，他担心小沃森沉湎于亚洲的声色犬马中无法自拔，所以用这样的方式加以暗示。

1937年7月3日，小沃森挥别了父母，踏上了开往莫斯科的列车。

在苏联边境换车时，小沃森被穿着军装别着钢枪的警卫人员检查了所有的东西。坐在座位上，看着一个个训练有素的警卫，他聪明地选择了配合。

之后，IBM驻苏联代表施瓦茨又对他讲了许多恐怖的东西，什么宣传问题、间谍问题、黑市贸易、严重的房屋短缺等等。小沃森震惊了，原来世界上还有这样的地方，还有这样生活着的人们！

之后，他给父亲写了一封信，在信中，他表达了对苏联现状的看法。沃森很快回了信，他语重心长地对儿子说："我肯定你会发现苏联情况比起战前那一团糟来要好得多。更重要的是，你必须知道，每个国家都在寻找适合自己人民的最好的生活方式，在这些问题上，我们没有责任去对他们进行批评和建议。"

在不安定的时候，心爱的儿子不在自己身边独自远行，他当然担心，所以儿子的信他认真地读，仔细而快速地写回信。只是在信中，他没有胡乱附和和溺爱，也没有责备和教训，他只是客观地分析，教导儿子做人做事的原则，这就是沃森疼爱儿子的方式。

看着父亲睿智的文字，小沃森明白了许多。从此以后他会在导游看不见的地方偷偷塞钱给街头面黄肌瘦的小孩。

日子一天天过着。有一天，小沃森知道了父亲付钱给赫伯特的事，对此他很是恼火："这对我的自尊心是一次重重的打击。如果早知道是爸爸安排的，我决不会接受这项工作。我觉得好像是他骗了我，很后悔当初没能看出来……"

可怜天下父母心，沃森为了儿子能够丰富自己的阅历和经验，去拜托好友给儿子一份工作，而为了顾念到儿子的自尊心，他又选择了对儿子隐瞒。只是，沃森千算万算，却没有想到儿子会得知真相。年轻气盛的小沃森讨厌被操纵一切，强烈的自尊心蒙蔽了双眼，气恼和愤怒充斥在心间，这次旅程也成了他不喜欢的事情。

但是旅程还是要进行下去。于是，小沃森恢复了玩世不恭的状态，无所谓地踏上前往东部的列车，跨过西伯利亚，越过日本控制的中国东北，踏上朝鲜半岛，再乘船过海，进入日本。

这一路上，他还是为自己的所见所闻吃惊不已，并且伴随着隐隐的不安，尤其是经过中国的时候。

被日本控制6年之久的中国东北地区，随处可见日本在准备战争的迹象，各个车站都有日军看守，港口更是布置着军舰，原来战争的乌云早就已经笼罩在中国的土地上！

从中国东北到日本的旅程，是在一片颠簸中重回现代世界，只是小沃森并不知道，几天后，日本军队便发动了全面的侵华战争，所谓的第二次世界大战也就此拉开帷幕。战争的乌云彻底笼罩了这个世界，中国陷入水深火热之中。

远东实习结束后，小沃森原本打算与同行的彼得一起去印度走一遭，但是那样就会错过秋天开始的IBM实习，他只好写信征求父亲的允许，沃森看到儿子的信，直截了当地拒绝了，因为他不想让自己的儿子成为特例，他的回信是这样的：

"从长远来看，你不能进行这趟旅行。公司规定秋天开学，你决不能例外……你自己的判断将告诉你与赫伯特先生如期返回。不要耽误了自己的前程，也不要让我失望。"

对于父亲的"不通情理"，小沃森是不满的，但他并不敢违背父亲，也不敢直接顶撞。于是，他决定进行一次冒险的行程，为这段平淡无奇的旅途注入不一样的色彩。

小沃森恳请赫伯特安排两个星期的中国北京之行，但是他还不知道那时的北京已经处于交战的状态，这次旅程着实冒险，他注定看到一个处于水深火热之中的北京。

在小沃森的自传中，他是这样描述这段经历的："到北京的路上用了5天时间。一踏上中国的土地，触目尽是战争的景象——车站房顶上端着机关枪的日本士兵，毁坏了的设备，倒塌的房屋，遍地的弹坑和战壕。"

在东京的火车站，小沃森看到满满的日本士兵以及送行的家属，他们狂热地挥动着小型的日本国旗，齐声高呼着口号；在行驶在中国大地上的火车里，他看到衣不蔽体的中国百姓慌乱逃亡的场景，看到到处房倒屋塌，触目惊心的凄凉景象。在北京城外，伴着扑鼻的腐烂尸体的难闻气息，他看到一片新坟，那是日本在两个星期前任意屠杀掉的200名中国人的弃尸……

他深刻感觉到了空气中升腾的紧张气息，战争太过残酷，一颗颗子弹从冰冷的机枪中射出，温热的鲜血喷涌，一个个鲜活的生命消失在这个世界上，他决定离开了，他说："在天津时，我在港口里见到过美国的海军驱逐舰，它们是来接准备撤出北京的美国侨民。此时在我看来，在美国国旗的保护下真是太幸福了。现在，我也希望自己能跟着军舰一起走。"

沃森得知小沃森到了处于交战状态的地区，又惊又气，战争从来就没有仁慈，他害怕战火太过浓烈，一个不小心就要了儿子的性命。"当赫伯特通知父亲我们到哪儿去后，爸爸大发雷霆。可怜的赫伯特当了替罪羊。"

看来，在战争的乌云下，为了心爱的儿子，连创建IBM的巨人也不得不失了往日的风度。

3. 小沃森参军

回到美国，小沃森便去了位于纽约恩地科特的IBM销售学校学习，他确实想以一个普通学员的身份，用心对待，认真学习，摆脱父亲的光环和影响，但是在被称为IBM灵魂之地的恩地科特，托马斯·沃森的影响力太过巨大，作为儿子的小沃森，希望自己像普通人一样被对待，简直是天方夜谭。

小沃森不想活在父亲的影子下，他讨厌当自己走在街上时，有人指着他说"瞧，这是沃森先生的儿子"；更讨厌下课后想要在酒吧小酌几杯的时候，跑堂的服务生对他说"你的爸爸不是对喝酒有很多规定吗"；他讨厌别人只认为他是沃森先生的儿子，他讨厌在标签下不能成为真正的自己，他觉得恩地科特是一个令人讨厌的地方。

小沃森在这里度过了1937年和1938年，10月份来到这里后，和一同招进的新生一起在机械学校进行产品生产的学习，然后在过完年后的春夏季节，给老推销员充当助手学习实践经验，冬天到来的时候再回到恩地科特学习销售技巧，然后自己进行实际的推销，直至毕业。

在IBM培训学校，他觉得是自己迄今为止待过的所有学校中最苦的地方，因为在这里，他更加逃脱不掉托马斯·沃森儿子的标签。小沃森说："学校中所有的人都在猜想父亲在我身上的用意，而不管我想怎么样。学校的领导是我在哈恩中学时的校长伯里格……他想出一个主意来取悦父亲：让我来担任班长。因此，他想办法让其他的同学投我的票，而大家都知道我的学习不咋样，下课后还要上小课。不幸的是，我当时没有勇气说'我干不了'。"

在满是父亲的标记的地方度过了他自觉是悲催的两年，有着悲惨寒冬的两年，他太想摆脱父亲的阴影活出自己，面对对父亲过于崇拜的人们，以及因为是沃森的儿子人们对他投来的不一样的眼神，他觉得自己悲催至极。

尽管如此，他还是承认自己的父亲有许多值得自豪的地方，换句话说，他是敬佩父亲的，尽管他不想承认。在自传中，他曾经写过这样一段话，字里行间皆是隐晦的赞扬之意：

"爸爸买下了那些荒地，代之而起的是一片装有空调设备的白色的现代化的工厂，以及一座宏伟的研究和发展中心。这个中心的正面建筑是古希腊柱头式的。所有从工厂面前走过的人，都会感到一股巨大的公司精神和生命力。"

他知道是父亲把曾经除了一个制造钟表的小厂子外几乎是一片荒地的恩地科特，在20多年的时间里，发展成了一个欣欣向荣的小镇，是父亲对员工的培训和良好待遇，使IBM的雇员们的生产效率非常的高，并且颇具道德素质，即使在工会运动在整个国家成为潮流时，IBM也没有受到冲击。

沃森总会以身作则，每隔一个月必然会来一次销售学校，检查某些方面的业务，进行一些指导工作，每一次，他都极其认真，深入到每个细节，找到容易被忽视的问题，并提出许多建设性的想法，然而他的做法也让当地的经理们变得很是紧张。"他经常在事先没有通知的情况下发布命令，只要他来到镇上，经理们都轻易不敢离开办公室或家里。"

有时沃森会参与到课堂中去，小沃森说："亲眼看到父亲来观摩课堂教学是了解IBM最好的途径。"沃森会给学员们总结许多关于自我修养的道理，会讲一些他年轻时候的事迹，引申出一些管理的原理，他的演讲总是很令人着迷，有很多引人入胜的地方。

晚上，沃森有时会在IBM的餐厅同客户们一起用餐。他是一个颇有个人魅力的人，晚餐结束后，人们便聚拢在他用餐的饭桌前，听这位伟大的推销家侃侃而谈。他的一字一句、他的每一个手势，吸引着在场的每一个人，于是，谈话便一直这样延续着，从餐厅到客厅，从傍晚到凌晨一两点。

当然，IBM销售学校的导师和学员对这位伟大的领导人也有着极大的尊重，然而小沃森对父亲似乎并不感冒，他说："我要是碰到这种时候就倒霉了。这些谈话对我来说枯燥无味，但又不能走开，因为一离开，就会伤爸爸的心。"

　　总算走出了销售学校，小沃森被分配到公司的重要产品销售地之一的曼哈顿地区从事销售方面的业务，那里是华尔街的一部分，销售范围包括整个金融区的西部，他一副磨刀霍霍想要好好干的模样，然而，因为他是沃森的儿子，总是有想拍马屁的人帮他招揽生意，他总能不费气力就超额完成任务，但是他却没有丝毫的成就感。

　　对此，小沃森感到很沮丧。有一次，他向自己的上司隐隐地表示了这种不满的情绪，但上司却只是说些冠冕堂皇的场面话："嗨，接着干，年轻人，我们帮助所有的推销员。你是干大事的，不管怎么说，我们所做的百分之九十九都是你自己的。"

　　或许这并不是场面话，但听在小沃森的耳朵里，这便是赤裸裸的敷衍。在IBM工作的日子里，他一直忍受着自我怀疑的折磨。

　　在工作中找不到成就感的小沃森慢慢把视线转移到了别处，他迷上了可以在高空翱翔的飞机，到1940年的时候，他几乎把半天的时间放在玩飞机上，还把半个晚上的时间泡在夜总会里。

　　他经常很晚回家，并且有时还带着满身的酒气，对此沃森并没有多说什么，但是小沃森在喝过酒后却从不掩饰自己的沮丧。"我不能让IBM支配我的生活！"这是他酒后最真挚的呐喊！

　　对于小沃森夜夜笙歌的生活，虽然沃森没有多言，但却在IBM引起了很大的非议。这次沃森没有放任不管，但是他并没有简单直接地命令儿子端正态度、改正恶习，而是讲了一个关于摩根和施瓦伯的故事来引导儿子：

　　"在1901年，摩根刚刚组建起美国钢铁公司，他让年轻的施瓦伯担任高级领导职务。有一次施瓦伯去巴黎寻花问柳，有关他吃喝嫖赌的丑闻很快就越过大西洋传回了美国。当他返回纽约时，摩根把他叫到办公室里去，告诉他不要像个傻子一样在外边做事。

"施瓦伯说：'摩根先生，您这样做是不公正的。您当然知道我干的事情未超过您所做过的范围，更不用说您在门后干的那些事。'

"'施瓦伯先生，这就是门的作用。'摩根回答说。"

这就是门的作用，沃森讲的这个故事只是为了告诉儿子，有些缺点和隐私如果隐藏起来更好，为何要公开在世人的面前呢？小沃森总算是明白父亲的良苦用心，从此后，尽管他喜欢寻欢作乐，但总会尽量避免记者和新闻栏目，不接近具有挑逗性的女人，尽量注意不把自己卷入是非之中，不把自己卷入别人的丑闻之中。

1940年上班第一天，小沃森做成了与美国钢材公司的一笔大生意，这意味着他完成了整年的工作定额！

这次事迹理所当然地上了公司内部报纸，并配了醒目的黑色标题："小托马斯·沃森——1940年百分之百俱乐部的第一人！"多么振奋人心！但是小沃森只觉得没面子，因为别人会以为自己是沃森的儿子，所以才会有这样的销售业绩，他觉得，在IBM，自己永远摆脱不掉最有名的推销家儿子的身份。

这时，第二次世界大战正在如火如荼地进行着，美国已经无法置身事外，参战是不可避免的。这一次，沮丧的小沃森决定暂时离开IBM，以飞行员的身份投入到战斗之中，后来，他如是说："如果不是第二次世界大战爆发，我可能永远跳不出IBM的圈子。"

通过飞行测试后，他参加了国民警卫队。那时候，他还没有资格参加战斗，所以平时依旧在IBM上班，而周末的时候便会去斯代顿岛的空军机场参加飞行训练。就这样，到了年底，他已经光荣地佩戴上空军飞行员的徽章，成为第102侦查分队的一名少尉。

1940年9月，罗斯福总统对国民警卫队进行总动员。这一次，小沃森成了一名正式的军事飞行员，并且他所属的分队也被调到位于阿拉巴马州安尼斯顿城的麦克莱林空军基地。本着服从原则，小沃森去了阿拉巴马州，尽管那里又热又湿，枯燥乏味，但他并不介意，因为自己终于从IBM解脱出来，并且每天都可以飞行。

那时他已经不再是在花丛中寻花问柳的浪子，因为他遇到了心动的女子，并且愿意与她携手走进甜蜜的爱情，走进幸福的婚姻，一直走到老，她便是奥利夫·考蕾。

他们在1939年初的一次偶然约会中相遇，在小沃森眼里，她善良漂亮、慷慨厚道，她楚楚动人、开朗活泼，并且她独立生活、自食其力，她浑身上下散发着迷人的气息，他真心实意地为她着迷。

他说："在交往过程中，我发现即使我们吵过架，我也难以从心中把她忘记。她的照片经常出现在一些杂志的封面上，不时地提醒我。"

他说："虽然她和我都有些轻浮，但我对她从一开始就是真心实意的。"

在麦克莱林空军基地的时候，奥利夫在周末也会经常来看望小沃森，他们在一起很是甜蜜，总是有着无穷的乐趣，他能够感觉到奥利夫对自己强烈的爱意，所以他对待爱情也就越来越认真，越来越严肃，再加上战争的临近，他们都开始渴望婚姻，渴望家庭生活。

他决定向她求婚，在1941年11月的一天，他回到了纽约，来不及换下皱巴巴的军装，便前往一个珠宝商店买了一枚钻石戒指，然后在华道夫大饭店的舞会上，他单膝跪地向奥利夫求了婚，他们又在位于罗咯思特谷的奥利夫姑姑家，举行了盛大的仪式，并约定圣诞节过后便举行婚礼。

但是在返回基地的路上，小沃森听到了珍珠港被日军袭击的消息，他意识到战争真的打响了，几个星期之后，他们分队接到了移驻加利福尼亚的命令，这一刻，他只想在行动前与心爱的奥利夫举行婚礼，他拨了她的号码，说："你需要快速赶来，我们马上结婚。"

他又拨了父亲的电话，告诉家人自己结婚的消息，并且热烈地邀请父亲做自己的伴郎。到底是血浓于水，后来他在《父与子》中写道："在那一刻，不知怎的，我那么思念爸爸。以往对爸爸的气愤、恼怒、生气和反感统统消失了，掩藏在心底的只是爱和崇敬。"

在战争面前，亲情无价，作为一名军官，他时刻都有为国捐躯的危险，而这一刻，亲情和爱情，都分外亲切，父母血缘，在冥冥中是无论如何也割舍不掉的心灵联接。

第二天，父亲和家人都来了，奥利夫也来了，他们在教堂举行了简朴的婚礼，几日短暂的蜜月后，他前往位于加利福尼亚的基地，战争已经打响了，小沃森走出了IBM，穿着一身军装，驾驶着军用飞机，投入了战斗之中。

4. 不发战争财

第二次世界大战打响了，沃森想要通过世界贸易及国际间的经济交流阻止战争爆发的幻想彻底破灭，他深受打击，对战争闭口不谈，他虽然并不是什么绝对的和平主义者，但他的内心深处还是希望世界和平，经济发展，他退回了希特勒授予的勋章，但对美国是否会参与世界大战纠结矛盾。

他不想与战争有任何瓜葛，不想把恩地科特变成军火工厂，不想让IBM公司披上战争的阴影，更不会像有些公司为发战争财向国外出售战斗机，就连国防部在1940年的秋天逼迫他代表IBM公司签署制造枪支的合同时，他的心情也是相当的沉重，不得已地新建了一个子公司专门加工制造军用枪支，并且不让其他的工厂与这个子公司有丝毫的联系。

当日本偷袭了珍珠港之后，美国的立场明确，加入了这场浩浩荡荡的反法西斯的战斗之中，这时，沃森也不再犹豫，他带领IBM全力以赴地支持美国参战，并且还自豪地在美国军队用的武器上刻上了IBM的标志，而IBM的打孔卡在战争中确实发挥了巨大的作用。

可以这样说，在战场上，整个部队是靠IBM的打孔卡运作的，这场世界性的战争太过巨大太过复杂，有太多的事情需要当场记录下来加以分析，以便大局的掌握和战术的制定，而这都仰仗了IBM的打孔卡，打孔卡伴随着军队里的每一个人，从他应征入伍开始到正式的服役、分配部队、接受训练、服役一直到退役；另外打孔卡还可以记录轰炸的结果、死亡人数、受伤人数、失踪人数、战俘人数以及供应情况等，这些数据都对战争有很大的帮助。

战争快结束的时候，小沃森去过刚从日本人手里收复的太平洋珊瑚岛，在那里，他发现了一支机动打孔队，他们正把部队的薪饷制成图表。对此，小沃森感到很是自豪，因为将IBM的打孔机应用在军用卡车上，这是弟弟迪克的发明。

战争使IBM的销售额大幅度提高，他们被部队要求生产各种供应国防的军用机器和军需用品，如战斗机上的机关枪、陆军的卡宾枪、轰炸机上的瞄准器、防毒面具等等。只是，IBM的工厂规模以及生产能力已经无法满足需求，于是沃森当机立断，决定将恩地科特的工厂扩大一倍，并且在此基础上，还在一个叫波基普西的地方建立了一个新的工厂。

另外，沃森决定削减其他的生产线，用来支持军需品的生产。其实，生产军用产品可以使沃森赚个盆满钵满，但是为了道义，为了企业形象，更为了表达对美国部队的正义支持，他明确规定，IBM生产军需品的利润不得超过百分之一。

这就是他，坚决不发战争财！因此，二战期间，IBM每年的利润只保持在战前水平。

不仅如此，沃森还大力支持IBM在战争期间参军服役的雇员们。他向每一个服役之人发放相当于本人四分之一工资金额的福利金，有时候还会寄一些衣物之类的东西，并且在圣诞节的时候，他总是不会忘记给他们寄送食品和礼物，并且附上自己诚挚的祝福。

这样的做法，无疑让雇员们深受感动。无论是因为爱国的原因，还是为了企业长远的发展考虑，他都是一个聪明的管理者，一个让雇员们信服的公司领导者。

小沃森说："我与其他人一样也得到了IBM的战争补贴和食品盒，不管我到什么地方，公司的报纸《商业机器》每周总能送到我手中。这份报纸上登满了IBM如何支持美国参战的消息。也总有父亲为新工厂剪彩的照片。照片上，彩旗飘扬，大都市歌剧院的歌舞队在旁表演助兴。"

战争使IBM迅速成长起来，由于业务的扩大，公司的发展，也使沃森的工资相应提高（他的工资制度是与企业的业务量和利润有关的），然而他并没有把由于战争增加的薪水收入囊中，而是用那部分资金设立了基金，用来帮助那些在战争中牺牲的雇员们的家庭经济。

他的种种行动，明明白白地表示了自己不会像某些企业，不顾战争的残酷与血腥，大发战争财，但是这并没有限制IBM的发展，

托马斯·沃森传

107

它同样在第二次世界大战中受益无穷，迅速地成长起来并成为真正的大企业，虽然他的政策限制了利润的提高，但销售额大幅增加，直接从4600万美元飙升到1.4亿美元，另外他的政策还保证了服役的熟练雇员在战争结束后会回归工厂，这种投资也有利于企业的成长与发展。

　　一个优秀的企业家，一个优秀的管理者，是站在巨人的肩上看世界的，从长远的角度思考问题，他们需要具有高瞻远瞩的眼界，具有大局观，重视企业意识，并且不怕投资，不怕短期的亏损，而沃森做到了，并且做得漂亮，他说的不发战争横财，但是却得到了一笔无形的财富，使IBM在未来的道路上受益无穷。

第七章 争吵中的慈爱

1. 汤姆归来

1944年，战争的大局已定，虽然可能还需要一定的时间，但是胜利在望，小沃森开始认真地思考战后自己的人生。战争的经历使他相当自信，更加坚定地想要靠自己的力量工作生活，而不是活在父亲的光环下；另外他喜欢在空中飞行的自由感觉，那一刻他觉得以这个作为一生的职业应该是个幸福的事，于是他决定开一家小型的航空公司。

作出决定之后，他即刻决定请假回家告诉父亲自己的想法，他以为这将是一场漫长的谈判，父亲一定会对自己很失望，并且还会明确地把失望挂在脸上放进言语里。但是他没有想到，父亲确实很失望，但是却并没有表现在儿子面前，他只是平淡而冷静地让弗雷德·尼克尔为小沃森寻找进入民航界的机会。

虽然沃森十分希望儿子回到自己耗尽一生心血的企业，继承他的事业，但是他也充分尊重儿子的决定，父爱宽宏，所以他选择把失望埋进心底，对儿子予以最大的支持。

他马上让尼克尔与联合航空公司的一位叫帕特·帕特森的朋友联系，告诉他小沃森想要成为一名飞行员并且想要进入管理层的想法，并拜托帕特森帮帮忙，帕特森是联航的负责人，他很快回了信，相当豪爽地让小沃森在战争结束后去找他。

另外，沃森还让尼克尔多寻找一些与飞机有关的东西，最终，尼克尔找到了一位发明了水上飞机所需的浮筒的年轻人，他叫奥斯本，拥有一家叫作伊多浮筒的公司，那时候水上飞机特别受欢迎，小沃森对此也特别有兴趣，于是想要买下奥斯本的公司。沃森很爽快地答应了，这让小沃森很是吃惊，他说："他根本没有施加任何压力。但尼克尔急于在IBM之外为我找工作使我怀疑我放过了什么东西，这可能是父亲有意造成的效果。"

他不知道父亲的良苦用心，只是被父亲宽容的态度搞得不知所措，甚至开始在心里嘀咕，没有选择进IBM是不是一个错误的决定？或许这就是小沃森的逆反心理吧，他习惯性地想要与父亲站在对立的两面，父亲的反对与暴跳如雷是他前进的动力，可是当父亲站在了自己一面，他竟然开始怀疑自己。

或许他不是不想回到IBM，只是活在父亲的强大气场之下，他的自卑一直隐隐作祟，他需要一点点的推力来找回自己的信心，找到回去IBM的起点，一位名叫布拉德利的退休将军给了他这个推力，而这个推力改变了他的一生。

布拉德利将军曾经是小沃森的上级，是一位出色的领导，虽然有时候脾气有些变化无常，但也是一个容易相处的领导，小沃森对他也是相当的敬仰。

1945年的春天，他邀请这位在某家公司担任副总裁的退休将军到家里共进晚餐。在接他的路上，他们聊到了战后工作的问题，小沃森谈到了自己要去联合公司当一名飞行员的事情，他等着将军的称赞，等着他说"这是个不错的选择"，但是将军的反应是这样的："真的吗？我总在想你会回去管理IBM。"

对于这样的回答他惊异万分，那些曾经在IBM的点点不愉快的记忆涌上心头，良久，他问出了萦绕在心头很多年的问题："布拉德利将军，你认为我能管理IBM吗？"

小沃森有些意外，他没有想到自己的声音竟然微微颤抖着。这一刻，他突然意识到，自己一直是在乎的。就在这思索的当口，他听到了将军简单而干脆的回答："当然了。"

三个字，包含着极大的肯定！小沃森有些许的震惊，脑子里不断重播着将军的话，细细推敲着其中的真实性与可信度，最后他终于愿意相信这位将军的话对自己的能力是相当大的一种肯定，这使他开始思考把自己廉价地卖给除IBM以外的地方是否值得。

在还有些许犹豫的时候，他想要征求一下妻子的看法，便装作满不在乎地对妻子说："布拉德利将军认为我能管理IBM。"

可是妻子并没有接他的话，他只好加上后面的话，"奥利夫，你怎么看？"

妻子想了一会儿，看着小沃森的眼睛真诚地说："你是一个贪玩的男孩子，很难相信你真想干这件事。但当你把心思集中在某件事情上的时候，我从未看到你失败。"

妻子的话说得极其坦诚，他竟然觉得一股热流向上涌来，原来别人是肯定自己的，是肯定自己的能力的。他们是对的，自己已经不是以前那个只知道叛逆和花天酒地的汤姆了，经过战争的洗礼，他端正了态度，也锻炼了能力，现在的自己意志力足够坚强，有足够的能力深思熟虑，有足够的魅力让别人听取自己的意见，有足够的自信能够在IBM闯出自己的一片天地。

他做出了决定，即刻打电话给沃森，说："我想在某个周日来见见那里的人，因为，不瞒您说，如果您要我的话，我可能回IBM。"电话那端的沃森听到儿子洋溢着自信，说着自己这么多年最想要听到的话，心里被满足和快乐撑得满满的，虽然他没有把自己的心理用言语表达，仅仅是一句简单的"我很高兴，儿子"，但是还是能听到他语调里洋溢的温暖与幸福。

小沃森很是感激布拉德利将军，他不仅开发出自己的能力，还让他找到自信，小沃森坦诚地说："我们那天的谈话永远铭记在我的心上，因为这彻底改变了我的一生。"

沃森很是欣慰，那个让自己头疼的儿子仿佛经过战争的这几年长大了，汤姆要回到他的身边了，回到IBM，他有预感，这将是一个全新的小托马斯·沃森。

1945年8月，传来了日本无条件投降的消息，战争终于落下了帷幕，整个美国洋溢着喜悦的气氛，而那时小沃森正在澳大利亚的悉尼市执行任务。听到消息后，他兴奋地跑到大街上，一边与澳大利亚的护士跳舞，一边高喊："胜利了！4年的战争，终于胜利了！"在《父与子》一书中，他写道："这一消息难以置信，但它给了我一种美妙松弛的感觉。"

几日后，他踏上了回家的旅程，看着浮在下方200英尺的云层，听着背后引擎的歌唱声，想着在这5年中，自己无数的飞行时间，他不禁热泪盈眶，5年的时间改变了太多太多，他现在只想快点儿回到家，与父亲绅士地拥抱，小声地说一句："爸，汤姆归来了！"

2. 历练和帮助

1945年的春天，一直为沃森工作的二把手弗雷德·尼克尔病倒了，他精神崩溃，只好在几个月后办了退休，而这位以秘书身份开始就在沃森身边的得力助手就这样告别了沃森，告别了IBM，那一年他仅有58岁。

沃森为尼克尔的退休而觉得惋惜，为失去了得力的臂膀而有些许失望，但是IBM还是要继续存活、继续经营、继续发展下去，他提拔了一个名叫查利·柯克的新人，沃森十分欣赏他的精明强干和冲劲十足。41岁的他虽然出身贫寒，但是对工作很是认真负责，达到废寝忘食的地步，并且善于经营，迅速代替了尼克尔的位置，成为沃森最得力的助手，IBM的二把手。

柯克最初在圣路易的分公司推销有术，因为销量好在当地颇享盛誉，沃森听说后对他颇有好感，在战争时期因为军需扩建工厂时，他便把柯克派到恩地科特的一个新工厂主持大局，果然不负众望，柯克在短时间内成功地使工厂迅速发展起来，沃森对他的能力颇为满意。

所以，当失去尼克尔以后，沃森首先想到了这位颇有经营才能的工厂头头，他把柯克从恩地科特调回公司总部。经过考察他发现这个年轻人有着尼克尔不具备的管理能力，并不像尼克尔那样只会执行自己的决定，而是有自己的想法和判断，一些事情完全可以直接交给他去做，而不需要沃森丝毫的指示。

IBM是一个大家庭，作为这个大家庭的大家长，沃森总有许多的事情要操心，随着IBM的壮大，他需要操心的事情也只会越来越多，尼克尔的突然病倒让他开始在意自己的身体，他害怕自己有一天突然卧床不起，却没有一个人可以站出来主持IBM的一切事宜。

柯克无疑是不可多得的人才，小沃森说："要让工厂正常运转，要使销售额有所上升，要为某个人鼓劲打气，要为那个职务找到一个合适人选——你的案头摆着一张单子，那上面哪件事都让人犯难。如果有个柯克这样的人，就可以把单子交给他，他会说：'让我来处理这4件事。'对于父亲这样一个年逾古稀、诸事缠身的经理人员来说，这有很大的吸引力。"

于是，沃森直接把柯克提升为公司的执行副总裁，并且还在董事会里安排了位子给他，于是如小沃森的说法："但当时我能想到的只是万一父亲有个三长两短，柯克将是顺理成章的接班人。"可见，沃森确实很是器重柯克，赋予了他相当大的权力。

战争结束后，小沃森离开了空军基地，并且为IBM的工作做着准备。在1946年的第一个工作日，他身穿白色的衬衫，深色的西服套装，打上领带，精神抖擞地站在镜子前审视自己，然后他拿起公文包，吻吻妻子的脸颊，器宇轩昂地出了门。他满怀信心地跨进IBM的大门，经过了这么多年战争的历练，他已经足够成熟，并且对自己以后的工作也很是清楚，一切都向着最高职务而奋斗。

他敲响了沃森办公室的大门，父亲站起来与他亲切地握手，并且告诉他将要担任柯克的助手，柯克是沃森最欣赏的职员，他想要让自己的儿子在柯克那里学到一些经营管理之道，受到一些人格魅力的熏陶，那时他也经常让一些有前途的年轻人为最高层的管理人员当助手，他经常说的一句话是："经理应将自己视为雇员的'助手'，而不是他们的老板。"

可以说，在一定程度上，沃森的安排是很有成效的，小沃森确实得到了很大的历练和帮助，柯克也不遗余力地为小沃森提供帮助，帮他熟悉业务，并且在自己办公的时候，让小沃森搬一把椅子，坐在旁边看着，柯克对小沃森说："我没有时间解释我所做的一切，但你只要坐在这儿看着就会明白。"

那几个月，小沃森与柯克在上班时间简直是如影随形，柯克办公、开会、视察等等，小沃森都会在旁边看着，几乎是看着他所有的一切，就在这样的观摩过程中，他看到了一个拥有着敏锐直觉和丰富经验，并且决策迅速果断，判断准确的IBM执行副总裁，也更加全面地了解了IBM，不仅是它的优势，也包括其中存在的问题，他也学会了如何像个精明的管理者一样进行决策。

他说："如果有了这样的经验和敏锐的直觉，就能迅速做出决策，特别是当你可以预见到结果的时候。但他也知道什么时候不该仓促行事，例如一件事如果处理不当就会危及IBM的声誉或者招致诉讼纠纷的时候。那个时候，柯克负责的有几十件事，我从未见过像他这样令人赞叹不已的工作者。"

4个月后，也就是1946年的4月，小沃森开始有机会施展一下自己这几个月以来所积累的生意经，那时，柯克得了阑尾炎，疼痛和小手术让他足6个星期无法来公司上班，而有些曾经交由他打理的事情便由名为柯克助手、实为沃森家族长子的小沃森定夺了，因为在雇员们眼里，小沃森要比沃森好打交道得多。

所以，在柯克不在的6个星期里，总有些雇员向小沃森提出问题，而小沃森的每一次回答也锻炼了他的能力，最后的结果也没有什么差池，并且通过这个过程，小沃森慢慢喜欢上了决策过程，产生了参与经营决策的欲望，他有一种运筹帷幄的感觉，这种感觉让他很是兴奋。

看到儿子自信满满地回答雇员们的问题，沃森很是欣慰，也很是满意，在那个月选了小沃森作为副总裁，并且让手下的人把小沃森的照片挂在了IBM促销活动的横幅上，在他照片的旁边，黑色大字写成的口号格外醒目："让我们为新的副总裁打破所有记录。"

柯克回来上班后，看到小沃森的改变很是吃惊，觉得他已经威胁到了自己的地位，他开始重新审视自己和小沃森的关系，但他最终还是决定好好地指导他，只是两人之间已经有了裂隙。

总之，通过沃森对小沃森的人事安排，在柯克的指导帮助下，小沃森得到了很大的启示和历练，这为他后来接管IBM，并成功使IBM更上一个台阶都打下了很好的基础。

3. 两个儿子的平衡

沃森为儿子在柯克的旁边安排了独立的办公室，并且为他配了一个秘书，但仍是作为柯克的助手。小沃森虽然从柯克那里学到了很多东西，但是与柯克共事时间越长，他越是难以忍受，难以忍受柯克不修边幅邋里邋遢的外表，难以忍受柯克蹩脚的演讲。

更加让他难以理解的是，与父亲完全不同的柯克怎么会与父亲成为关系如此亲密的人，他不喜欢父亲身上显现出柯克的一面，也难以接受柯克让雇员们在人员和职务上频繁地调换，因为这太不通情理了，而且他认为柯克在解雇和降职问题上搞得十分过分，因为柯克不像沃森那样先给予批评，到万不得已时再考虑解聘的事，而是直接解聘那些达不到要求的雇员，这让小沃森觉得很不近人情。

在一些决策上的意见相左，再加上本来就存在的裂隙，小沃森与柯克的关系变得越来越紧张。有一次，柯克因为一名雇员提出了一些关于工作上的异议，而直接把那位雇员降职，并且当这位雇员因为家庭情况和有病的原因不接受调动时，柯克不为所动，最后逼得雇员离开了公司。听说这件事后，小沃森火冒三丈，因为他知道那位雇员为人很不错，也很有工作能力，当小沃森听说父亲支持柯克时，更是怒火中烧。

他终于决定不再继续容忍柯克了，1947年4月的一天，他敲响了沃森的办公室门，告诉他要退职的消息，并说："爸爸你看，柯克在这儿，我能同你雇用的所有人和睦相处，只有柯克例外，他同我不是一类人。他太粗暴了。而且他只比我大9岁。我如果留下来，在他退休之前我要为他工作22年。随后我将主事8年，到那时我也该退休了。这种前景我无法接受。"

对于儿子的话，沃森很是震惊，柯克是他最得力的助手，是自己欣赏的人，让儿子在他身边也是为了让儿子学到更多东西，可是他不懂为何儿子对柯克有那么多的不满，他试图改变儿子的看法，与他争论起来，可是小沃森却一点都没有听进去，最后夺门而去。

沃森放心不下，下班后让司机开到了儿子的公寓，可是家里没有人，他便在图书馆等待，边等边想着事情的发展，可是怎么想都在他的预料之外，而这一等，便到了午夜时分，晚归的小沃森看到父亲的司机和车子很是吃惊，看到在昏暗的灯光下，父亲弓腰耸肩坐在椅子上的虚弱和衰老的样子，他的心紧紧缩了一下儿，他看到沃森伸出手，对他说："汤姆，你可不能这样对待我呀。你不能走。"

在午夜自己的公寓，看到父亲如此衰老和动容的面容，小沃森心里很不是滋味，他仿佛听到父亲在说："请不要毁掉我毕生的心血。"可他还是硬下心肠，对沃森说："你看，爸爸，你是一个老于世故的人。你看得出来，你就是把所有的人物都招来，管我们叫史密斯先生和琼斯先生也改变不了现实，我现在34岁，要干到56岁才能有机会掌权。"

沃森赶紧说："我理解你的意思。"良久，他接着说，"这样吧，你带柯克先生到欧洲去，把他介绍给那里的经理们，我来想个办法。"其实沃森想要给儿子和柯克更多的空间相互了解，借此使事情出现转机。

可是那时候沃森不知道，这一次，柯克再没有从欧洲回来，他的急性心脏病发作，死在了异乡的酒店里。当得知这个消息时，沃森很是痛惜自己失去了一个好帮手，可心中也莫名地松了一口气，因为久久萦绕在心头的大麻烦不见了，虽然他为这样的想法感到愧疚，但是他的儿子也再没有理由离开IBM。

沃森请来了一大群总裁出席柯克的葬礼，在那个重大而肃穆的场合，作为IBM的最高领导人，他空前绝后地保持静默，没有主持也没有讲话。他就那样肃穆地站着，听着人们致悼词，怀念着柯克的林林总总。

整个仪式一共两个半小时，他就这样默默地站了两个半小时。但是，当送葬的队伍走出教堂时，他情绪激动地挤进抬棺人之间，扶住了棺材的外沿，那一刻他一定在心中说着："兄弟，一路走好！"

柯克去世后，小沃森在IBM越来越崭露头角，他的地位越来越高，声望也越来越显赫，当然这一切，都少不了沃森浓浓的父爱包裹下的一颗心，在小沃森成绩不佳、毫无目标时，他给他全部的支持和爱，在小沃森初到IBM并涉足商界时，他悄悄帮他打开一扇扇大门，让他得到帮助和历练，而在小沃森慢慢走向权力的顶端时，他也要给他告戒，使他戒骄戒躁。

　　1948年，沃森的小儿子迪克拿到耶鲁的国际关系学士学位后，也进入了IBM，从推销员开始干起。与小沃森不同，迪克一直是沃森骄傲的儿子，虽然他比小沃森小5岁，但却是样样拔尖，在学校成绩优秀，运动细胞发达，并且语言的组织和表达能力强，善于待人接物。小沃森这样评价自己的弟弟："他举止优雅，得体，颇有魅力。他能歌善舞，常常是晚会上让人开心的中心人物。迪克样样出色，和他相比总让我觉得自己不成器。我想人们佩服他，是因为他实现了父亲的期望，而我却没有。"

　　那一年，沃森已经是即将75岁的老人，他害怕自己时日无多，害怕自己没有足够的时间让自己的小儿子经历像大儿子那样的历练过程，并且小儿子一直以来的优秀和稳重也使他有足够的理由相信迪克能够在短时间内独当一面，他希望以后在IBM，两个儿子能够同心协力，共同经营，而趁他还在IBM的时间里，要做的是在两个儿子间找到平衡点，自己能把IBM放心地交到他们的手中。

　　只是他在自己的蓝图里勾勾画画的时候，现实已经把他的梦想击得粉碎，因为小沃森已经看出，他想要在短时间内把迪克提拔起来的意图，并以为他想要把半个IBM传给弟弟，对此小沃森很是恼火，迪克仅仅8个月的时间就能够和在IBM待了将近6年的自己平起平坐，这让他很是不爽，而这种心理所营造出来的矛盾，在以后的日子里，注定让沃森很是头痛，注定要不断地徘徊在两个兄弟之间，去努力寻求两兄弟间的平衡。

托马斯·沃森传

4. 最厉害的一次冲突

二战结束后，军事用品的需求量急速下降，IBM的国外生意变得糟糕，几十家办事处以及外建工厂带来的利润，还不如美国市场的七分之一，惨不忍睹的国外市场让沃森很是在意，他说这"简直丢人"，他想着必须扩展国外部，把国外的生意独立出去，建立一个新的公司，让公司自食其力地发展壮大，这样才能彻底地拯救国外的市场。

沃森下令国外部充分利用自身的利润，努力地扩展，争取形成与国内部并驾齐驱的局面，他还基于欧洲的工厂规模比较小，便倡导各个小工厂联合起来，相互依存，进行内部贸易，从而优势互补，降低成本，提高效率，并且扩大经营规模，另外还鼓励IBM在欧洲的办事处进行跨国贸易，并且通过外销产品赚取外汇信用证，用来进口廉价的零部件。他说："每家工厂不但要为所在国制造零部件，而且还要出口。"

沃森脑子里勾勒出很多的主意，除了上面一些措施，他还有一个重要创举，那便是他利用自已的声望吸引了一批已经失意的名门望族，并且雇用他们在IBM任职，虽然这些贵族已经有些没落了，但却仍然因为尊贵的出身受人尊敬，并且拥有一定的人脉，沃森敏锐地发现了他们对销售的推动作用，便巧妙地利用他们的关系，而这些贵族们对于IBM在欧洲的再度起步起了很大的作用。

但是小沃森对沃森把国外部发展的独立公司的想法并不赞同，他认为国内的市场潜藏着无限的商机，蕴藏着无数的机会，并且回报好风险小，而对于国外市场，由于国际贸易处于瘫痪的状态，马歇尔计划也只是处于初步的设想阶段，IBM对国外战后的世界并没有充分的了解，可能存在着这样那样无法预见的风险，在发展时也可能会遇到难以想象的阻碍，现在大力发展国外市场并不是一个有利的时机，很可能血本无归。

所以，当小沃森知道父亲在用国外的利润进行国外生意的扩展时，觉得沃森在做一件很大的蠢事，当沃森在会议上再次提出希望国外部独立成分公司，并提出要给予国外部更大的自主权，允许他们拥有自己的董事会和管理班子的时候，小沃森提出了上面的一通反对言论，但沃森只是淡淡说了一句："美国人口只占世界的6%，其他地区占94%，总有一天世界贸易公司要比美国公司的规模大。"

1948年底，沃森去欧洲进行考察，在那里一待就是几个月，亲力亲为地安排生产计划，拜访会客，为欧洲的销售重新接上关系，在这几个月里，他始终让小儿子迪克伴随左右。实际上，那时候他想要迪克像"国际交流家"一样，快点融入欧洲的销售中去，为接管即将成立的世界贸易分公司做好充分的准备。

沃森从欧洲回来后，把小沃森叫到了办公室，告诉他自己要成立世界贸易公司，他自己担任主席，提拔一名叫哈瑞森·昌西的资深人员担任执行副总裁，而迪克则做副总裁，该公司负责美国以外所有地区的生产和销售，而小沃森则负责美国的公司，打点一切国内事宜，并且监管整个IBM的研究开发及金融融资，当然，国内的公司是作为母公司而存在的。

听到沃森这样的安排，虽然小沃森有心理准备，但还是吃了一惊，对迪克如今和自己一样的头衔更是十分恼火，他冷冷地对沃森说："让世界贸易公司独立出去是我听到的最差劲的傻主意，如果你一意孤行，总有一天会后悔的。"

几天后，父子三人再次谈论这个问题时，小沃森一一列举反对理由，但诸如机构重叠、浪费金钱之类的沃森都已经考量过，他还是没有采纳小沃森的反对意见，最后口无遮拦的小沃森开始逼问，利润比较丰富的加拿大应该归哪边管，这让沃森火冒三丈，直接站起来吼了一句："你到底想干什么？就想不让你弟弟有个机会？"

在迪克的面前，这句没有情面的话深深刺伤了小沃森，他认为自己的父亲太习惯别人服从自己，他很受伤地说："他的话深深刺伤了我，他们把我推到自己弟弟的对立面，而他本人就坐在面前。父亲常不假思索就说出这类的话，因为他总是要占上风。如果有时间去想，他会遵循规则，体面地进行反击，然而一旦他被逼到角落里再无退路时，他就毫不顾忌任何规则，一心只想达到目的。我实在无话可说了。"

1949年的春天，IBM世界贸易公司正式成立，它利用欧洲经济复苏的时机，在外国借贷进行长期投资，贸易公司慢慢壮大起来，并且真的形成了与国内的IBM并驾齐驱的局面，世界贸易公司也在一年后正式成为了独资的分公司，沃森用自己的智慧眼光和世界贸易公司的迅速发展向大儿子证明了自己的正确决定。

1949年的9月，沃森提升小沃森为执行副总裁，或许他也知道那天把话说得太重伤了小沃森，破坏了兄弟间的情谊，想要借此缓和一下父子和兄弟关系，毕竟这是小沃森多年努力工作想要得到的职位。

但是这并没有缓和三人间的紧张关系，裂痕一旦形成，便很难消除，他们开始互相猜忌，互相怀疑，沃森害怕小沃森挖迪克墙角，总是对世界贸易公司的业务守口如瓶，并且当小沃森提出些不同的建议时，总是习惯性地以为他有什么其他的企图，这让小沃森很是恼火，觉得自己的父亲怀疑自己，总是替小儿子防着自己，而这总是让他们无法平心静气地谈话，每一次都演变成无休止的争吵。

再多的冲突和争吵基本都是在自己人面前，可有一次，他们在大庭广众下吵了起来。那是在一家俱乐部里，当小沃森再次提到欧洲的事情时，沃森或许听多了心情不好，便打断他让他从此后不要再谈论欧洲的业务了，这让小沃森怒不可遏，他赌上自己在IBM的未来，高声责骂着沃森和迪克，念着"一家企业容不得两个老板"，拂袖而去。

这是最厉害的一次冲突，双方互不让步，沃森不容挑战的权威，以及小沃森暴躁易怒的脾气，让事情变得一发不可收拾。

5. 常有的吵闹

实际上，那段日子里，争吵对于沃森父子来说成了家常便饭，一个月内总要大吵几架，虽然每次吵完之后都会言归于好，当作什么事都没发生般地努力合作，但是在合作的过程中，又会因为意见的不统一吵闹起来，如此反复，暴躁的小沃森可以说是让沃森伤透了心。

在公共场合，小沃森高声责骂着拂袖而去，让他感到心力交瘁，在午餐的时候还是无法平息自己的怒气，便在午餐的菜单上写下了给小沃森的便条，他下笔的手微微颤抖着，但还是写下了这样的话："关于你和迪克的关系我想了很多，并且决定：如果过去的分歧仍将发展下去，那么你们俩就非分手不可。我写这些是想让你有充分的时间考虑今后的打算。"

可是沃森了解小沃森的脾气，考虑到如果他收到这样的便条，一定会再次暴跳如雷地大声嚷嚷着："既然你这样威胁我，那我们现在就摊牌吧！"这无疑会使父子之间的争执再度升级，根本解决不了问题，最终这张便条让他压在了箱底。

若干年之后，沃森已经不在人世，小沃森偶然地发现了父亲那天写的便条，看到那样的话，小沃森很是百感交集，他能够想象父亲写下这段话时内心的愤慨和痛苦，也意识到自己当时是多么的低级和孩子气，他欠了父亲一生的对不起。

他想起了第二天父亲把他叫到办公室，冷冷地对他说了一句话："年轻人，如果你在IBM或一生中一败涂地的话，肯定是你的脾气害了你自己。"随即不等小沃森说话便让他走了，听了这句话，实际上小沃森已经懊悔不已，在走出办公室的时候，他悲凉地想："这样也好，因为有很多东西得失攸关，非同小可。我们已经近乎于视同路人的地步，彼此都感觉到这一点，但谁也不愿把事情做绝。"

或许小沃森也为自己的恶劣态度坐立不安，最终他决定给父亲写一封道歉信，他这样写道：

> 亲爱的爸爸：
>
> 您说过我会因脾气而坏事，我仔仔细细地考虑了一番。我认为您指出的这一点很对，它很可能断送大有希望成功的一番事业，不善控制自己的情绪、先说后想的弱点总是妨碍我与人交往，不仅同您，而且同自己家里人、自己的合伙人与朋友之间都难相处。
>
> 上次我在都市俱乐部发火并辱骂了您，我绝不会忘记这次教训，至今心中悔痛不已。我一直期望能与您和迪克坐在一起像开家庭会似的谈一谈，可第一次才有这样的机会却让我给彻底毁了。我不仅要向您，而且还要向迪克诚恳道歉……
>
> 您提到关于……您多么迫切希望能看到我愿意并且能够作为长子重振家族事业，如果我真能够成功地做到这一点，也

能实现我的雄心大志。当然除非我能证明自己善于控制情绪，考虑成熟之后再开口说话，否则您决不会相信我能做到这些。您是个脚踏实地的生意人，IBM是您干出来的，不是您吹出来的……

请相信我，都市俱乐部一事全是我的错，我必须也愿意继续为此做出补偿。如果您对我尚未失去信心，您会看到从今以后我会有所转变，您会感到宽慰的。我会注意克服坏脾气和愚蠢的妒忌等毛病，变成一个好儿子和好哥哥。

请接受我的诚意和敬爱。

汤姆

收到这样一封真挚的道歉信，沃森心里有了些许的安慰，父亲总是可以轻易地原谅犯错的儿子，事实上，战后的很多年里，小沃森给沃森写过很多的道歉信，书信沟通确实是结束一场争吵的好方法，小沃森的每一封信都能轻易瓦解掉沃森心中的愤怒。

其实沃森也给儿子写过信，只是像那张便条一样，并没有让小沃森看到，当小沃森口无遮拦地指责他把精明强干的人才赶出IBM，只留下一些对他马首是瞻的庸人，为此他写道：

凭我在IBM35年的奋斗经验和对公司的了解，没人有权向我挑战。设想一下儿，如果有个经验丰富的人指点一二，我本可以干得更好。我将竭尽全力，在IBM公司高级管理层留下一批心悦诚服的人才。乔·罗杰斯、弗雷德·尼克尔、查理·柯克、泰特斯和奥格斯伯里都曾帮助过我，后两个人认为我制定的政策不好，然而他们却给公司带来了巨大的损失。因此我不得不解雇了这两位副总裁。这是我在IBM工作这么多年来最难下决心的一件事，但我别无选择。

我对工作和事业如此执着，只因为世界上杰出的实业家和银行家似乎一致认为我在创建一家蒸蒸日上的企业和采用某些政策方面取得了值得借鉴的成就。这些政策被证明有利于IBM的全体雇员，最终也有利于我们可服务的公众和信任我们并乐于投资的那些股东们。其寓意在于，我一生的希望和抱负是看到我的两个儿子能有雄心壮志，决心锻炼自己，以发展壮大IBM为己任，大大提高沃森家族目前在世界工业、社会与经济中的地位。因而他们各自都更有机会为他们的家族、亲戚，以及各地重要的社会机构和值得帮助的人们做出贡献。

两个儿子都值得我骄傲，我也为他们在很短的时间内就在各自的领域为公司做出贡献而感到自豪。我知道他们已经充分认识到，经验是最好的老师。

写这封信的时候，他正值75岁的生日。在那一天，他经过深思熟虑写下这样真诚的文字，只是他并没有寄出去，或许他害怕儿子看到后又会奇思妙想地曲解意思，造成矛盾。

多年后，小沃森看到这封信的时候，心中百感交集，很是后悔当时的孩子气，后悔无意间对父亲造成的伤害，后来，他坦言：“我常对父亲发脾气，我总在想自己这种做法，或是由于生性胆大妄为，或是由于自认身为长子，有权如此对待他，我从未能判断出到底是哪一个原因。”

常有的争吵，无意间造成无可估量的伤害，沃森用一个父亲宽广的胸怀，包容了儿子所有的刺伤，使家还能在磕磕绊绊中和平下去。

第八章　计算机之父

1. 计算机时代

沃森和儿子小沃森之间，也并不是只有争吵，更多的时候他们也可以相处得很好，提升小沃森为执行副总裁之后，他也提升了乔治·菲利浦斯为总裁，自己则改任新的职位——董事长，他想要让乔治·菲利浦斯扮演与儿子之间的缓冲角色，巧妙地避免一些不必要的冲突。

在业务方面，沃森慢慢放手，把事务向作为执行副总裁的小沃森手里转移，让他一点点地接手分公司的业务，小沃森开始监管公司所有的生产业务，并且他负责的销售业务比原先也大大增加，而多年的历练让小沃森能够妥善地处理各种工作，在他的带领下，电动打字机为IBM带来了可观的利润。

电动打字机与一般的打字机相比，具有相当大的优势，它打字的速度快很多，并且排版也更整齐，另外还不会像一般打字机那样弄坏女员工精心修剪的指甲，基于这些优点，沃森于1933年买下了麦蒂克电动打字机公司，因为他确信，虽然电动打字机的价格比较昂贵，但它的优点有很大的诱惑性，这款机器一定会畅销。

但是，事实并非如此，虽然IBM努力在美国进行电动打字机优点的宣传，但是每年的销量很是一般，竟然还不到1100万美元，别说利润了，每年都需要一笔资金弥补亏损。

沃森父子对电动打字机的事都有注意到，刚刚成为IBM二把手的小沃森更是格外上心，他气愤地对打字机部门负责人说："我宁愿马上把这个部门卖掉也不愿它总是亏本。"但是该负责人一点儿都不从自身找原因，只是说"我真不知道该怎么对你说，汤姆，你实在不懂打字机这一行"，仿佛亏本是理所当然的。这让小沃森很是不满。

他决定换掉这位负责人，起用有冲劲有毅力的威斯尼·米勒，正好有人带着威斯尼去见沃森，沃森也很是看中威斯尼的毅力，便雇用他推销电动打字机。父子俩不谋而合，虽然有风险，但他们还是决定提拔这位刚做打字机销售不久的新人负责整个部门的工作，这应该就是信任员工并用人大胆吧。

事实证明他们的眼光是正确的，威斯尼不像以往过分偏重市场的分析，而是另辟蹊径，以充满活力的方式进行推销，他教导推销员们用充满激情和赞美的语言打动客户的心，另外他把打印机的外壳做成不同的颜色，放在展台的聚光灯下，热情洋溢地说："这架机器完美无缺，我可不愿看到上面哪怕有一粒灰尘。实在是美妙绝伦！"

他们成功了，电动打字机开始深入人心，从1949年开始大肆流行，打字机部门的销售额大幅提高，并且每年在此基础上递增30%，可谓成绩斐然。

20世纪40年代末期，当电动打字机在美国市场大卖之时，一个新的名词也在风靡着整个美国大地，那便是各种名称有趣的计算机，西雅克、比纳克、梅尼雅克、强尼雅克……那时计算机还处于试验阶段，作为新鲜事物它戴着特有的神秘面纱，吸引着各界人士的目光，每一个关于计算机和电子技术的会议总是吸引着大批的人前去参加。

计算机时代正在萌芽，一个伟大的时代即将来临，只是那时的人们在好奇和窃窃私语讨论所谓的计算机时，并不知道它给未来带来了多少天翻地覆的变化。

那时的计算机与现在的计算机完全不同，它们巨大无比，构建时需要耗费巨大的资金和人力，运行也十分麻烦，并且它们并不具备多方面的功能，制造的目的主要是为了计算，所以它们叫"计算机"。

为了提高计算效率，人们孜孜不倦地研究，希望有设备可以使繁琐的计算过程省略，得到精确的计算结果，我国发明了算盘，那是最伟大的发明之一，而在20世纪40年代，已经出现了少数巨型的计算器，它们能进行多种运算，但是，它们的内部构造与普通的打孔机没有差别，都是电子与机械的混合，所以运算速度并不快，但这，已经是了不起的进步了，因为它们的出现，标志着人类离现代计算机时代只有一步之遥了。

小沃森在《父与子》一书中这样描述："我们不断听说美国和英国的大学和雷声公司及美国无线电公司等大名鼎鼎的公司的研究计划。这些机器都很笨重，而且十分昂贵；它们都不是为了商业销售而设计的，而且在很长时期里，只有我和查理·柯克前往参观的宾夕法尼亚大学著名的埃尼雅克计算机唯一能够实际应用。但是，还是有人不断推测这些'巨大的电脑'对人类将意味着什么。"

不久后，新一代的计算机——"埃尼雅克"强势推出，并且在短时间内引起了极大的反响，因为它不是简单的电子与机械的混合，而是在所有的电子线路中，除了电子以接近光速的速度不断穿梭于真空管内以外，再没有任何移动的零件，并且它的问世标志着运算速度步入了一个新的阶段，它最原始的电路每秒也可以执行5000次运算，与拥有最好中继装置的打孔机每秒4次加法的速度相比，可以说是一次质的飞跃。

一位《时代周刊》的记者，在参观完"埃尼雅克"的首次展览后，对"埃尼雅克"的灵动电子赞不绝口，直言不讳地说它开启了一个全新的境界，"运算速度的这一提高有希望改变每个处理数字的人的生活"，很多科学和商业复杂的问题往往被分解成几百万次重复的简单加减运算和逻辑程序，而解决这些问题，运算速度就显得很是重要了。

但是，那时候沃森并没有预见到一个伟大的时代即将到来，他认为打孔机和大型的计算机完全不属于一个领域，不会对IBM的生意产生大的影响，无论计算机革命进展得怎样如火如荼，打孔机依然会在美国市场站稳脚跟，在会计室里独占鳌头。

或许，人总有落伍的时候。小沃森评价说："父亲就像这样一位国王：他看着邻国发生革命，但是当他自己的臣民们发生骚乱的时候，他感到惊慌不已。"

虽然沃森没有意识到运算速度的提高对打孔机的冲击乃至替代，没有意识到计算机对IBM生意的影响，但是他却认为大型计算机是一个伟大的存在，并且他相信，如果IBM为科学界制造出大型的计算机，IBM将是更坚韧的存在。

计算机时代来了，沃森看着，也想要赶下潮流，想要为科学界造出大型的计算机，而新的时代离他也越来越近。

2. 奇异的庞然大物

沃森曾经组织工程师们为哈佛大学研制了"马克一号"，在1947年的春天，他再次聚集起当时的工程师，给他们充足的资金，可以任意使用真空管，要求他们在8个月的时间里，建造出比"马克一号"好，比"埃尼雅克"好，可称为最快、最好、最大的超级计算器。

　　无论研发情况再好，资金再充裕，仅有短短的8个月，任务还是相当的艰巨，但是工程师们不敢要求更多的时间，因为沃森很是重视，紧紧地盯着他们的进度，他们只得暂时放下别的计划，一心一意地刻苦攻关，不分昼夜地进行研发，终于在年末研制成功了这个奇异的庞然大物，该庞然大物被命名为"程序选择式电子计算机"。

　　程序选择式电子计算机，是IBM的工程师们夜以继日的成果，共耗资100万美元，该计算机是传统与创新的结合体，内部是电子元件和机械零件的混合体，长120英尺，由12500个真空管和21400个机械式的中继装置构成，它的运算速度也是相当快的，一个小时能够完成用纸笔工作10年的工作量，另外它可以使用软件，在实用性方面，完全超越了埃尼雅克。

　　软件是程序选择式电子计算机富有创新的一方面，该功能避免了状态转移的繁琐程序，只需要把指令输入到存储器中，计算机就可以转移到解决新问题的状态，因为这也有人评价说："它作为有史以来使用软件的第一台大型计算机在计算机工业的历史上占有一席之地。"

　　但是该计算机在用户最看中的方面，并没有达到绝对的领先地位，那便是运算速度，由于该计算机内部既有电子元件，又有机械零件，运算速度就比完全采用电子元件的埃尼雅克要慢，而在运算速度至上的时候，"程序选择式计算机"并不具有绝对的竞争优势，只能说它是一只科技恐龙。

　　刚开始的时候，沃森以为"程序选择式电子计算机"是最好的计算机，便把它安置在IBM纽约曼哈顿的总部展览室里，展览室位于一楼，橱窗正对第五十七大街，隔着窗户，街上的路人都可以看到该计算机的全貌，可以看到计算机工作的场面：三面大墙都布满了键盘与面板，上面插满开关、指针和在进行运算时不停闪亮的指示灯。

"程序选择式计算机"如"埃尼雅克"般，引起了公众的极大注意，每天都会有几百人在曼哈顿总部的橱窗前驻足围观，那是当时一大奇观，以至于多年后，当提到计算机时，人们脑海里首先浮现的便是橱窗里巨大的正在工作的机器，以及橱窗外面熙熙攘攘围观的人群，甚至在好莱坞的科幻片中第一次引入的计算机，其庞大的模样与"程序选择式计算机"也极为相似。

沃森虽然没有把这台计算机的设计公开，但是他表示该机器不是为了营利，而是要造福科学界，并且强调计算机是供给全世界的科学界使用的，只要是为了解决"纯科学"的问题，任何人都可以免费地使用，而如果不是"纯科学"问题，比如某家石油公司想要用它进行油田数据的统计分析，每小时只需要缴纳300美元便可以了，这个金额只是维持计算机开销的花费而已。

对沃森的想法大力支持的有一位在哥伦比亚大学颇有影响力的天文学家，他叫华莱士·埃克特，虽然长得瘦瘦小小，看起来怯生生的毫不起眼，但是却是20世纪20年代末率先用打孔机解决科学问题的人，并且在第二次世界大战中空前地测出了德国潜艇活动，发挥了重大的幕后作用，沃森看中他的能力，便邀请他担任IBM理论科学部的主任，他成为IBM第一位拥有博士学位的科学家。

沃森还在哥伦比亚大学开了一个实验室，并让埃克特主持，埃克特的各项研究使许多科学家看到了计算机运算的种种可能性，也吸引了很多的科学家参加进"程序选择式电子计算机"的研制工作，并且在研制成功后，对该计算机也进行大力的宣传。

该计算机是那些终生为沃森效力的一批杰出的工程师在IBM最

后一项伟大的成就，曾经他们设计出了风靡很久的打孔机，为IBM带来了巨大的成功；这一次他们再次带领IBM走向计算机的门槛。但是由于该计算机是在完全隔绝的情况下研制的，虽然在同类产品中相当的先进，但是并不是时兴的技术；又因为它的设计保密，所以没能够树立IBM在技术界的形象，并且那些工程师们，以及沃森都不能完全割舍掉伴随IBM半个世纪的打孔卡片。

这个奇异的庞然大物，是IBM的一个重大进展，虽然还没有使IBM跨进计算机的门槛，但也引起了很大的轰动，因为它带着IBM走近了计算机世界的门口。

计算机时代就在不远处了。

3. 一个时代的结束

埃尼雅克的发明人普雷斯帕·埃克特与同事莫齐利一同辞去了宾夕法尼亚大学的工作，在费城建立了公司，他们研制出了新的计算机"环宇自动计算机"，简称UNIVAC，虽然现在只有书面介绍，还没有制造出第一台样机，但是却已经得到了IBM公司大客户中的国情普查局和普鲁登希尔保险公司的支持，并且还获得了另外一家保险公司的财政支持，对此沃森感觉到了很大的危机。

UNIVAC不仅可以用在实验室，也可以用在会计室里，并且它把数据存储在磁带上，那是一种新的媒介，与IBM一直应用的打孔卡相比，具有相当大的优点，首先它的处理和运算速度很快，数据输入输出的速度也与电子线路传送速度不相上下，另外，它的存储空间很大，一卷小小的磁带可以装下1万多张打孔卡记录的资料，可以囊括下一家保险公司所有的保险资料，而这正是埃克特得到保险公司财政支持的原因，这简直就是对打孔机来了个釜底抽薪，这也正是沃森感觉危机的原因。

沃森叫来IBM的资深工程师弗兰克·汉密尔顿，对他说："我们不能只待在这里想，也不能只待在这里打算，敌人都已经兵临城下了，我们还在这里优哉游哉，这不是我们搞事业的方法。告诉我有什么方法可以在最短时间里制成符合他们要求的机器？"

那时候大批的工程人员都在为沃森的超级计算机计划忙得焦头烂额，汉密尔顿想要辩解几句的时候，沃森有些生气地对他说："我们已经白白浪费了3个月。如果我们制造不了，就退出吧。如果我们有这个能力，那就马上进行，而且价格一定要比对手低，否则我们都不配做这个生意。这两个家伙获得了那些保险公司的支持，这是对我们公司的一种谴责。"

听到沃森带着生气的话语，汉密尔顿只得拍拍胸脯向他保证没有问题。经过一个星期的彻夜赶工，他疲倦不堪地出席了沃森召开的会议，并且在会议上阐述对抗埃克特的计划，他想要将磁带和打孔卡结合起来研制一种计算机，该计划预计投资75万美元，这笔庞大的数字让参加会议的高管倒吸了一口凉气，因为从打孔机2万元的造价来说，这真的是一个天文般的数字。

沃森看着汉密尔顿憔悴的面容，沉默地听着他的计划，他明白汉密尔顿为这个计划所付出的努力，也赞扬他的精神可嘉，但是他计划中的机器太像埃克特所推出的UNIVAC，因为他信不过磁带，它不像打孔卡那样可以使信息永久保存，可以有形地拿在手里，当需要旧数据时也可以查找，而是把信息存储在无形的可以清洗再用的存储媒介上，旧信息可能无法取出来，这让他觉得很是不靠谱。

他撕掉了汉密尔顿的计划书，并且让推销员告诉支持UNIVAC计算机的保险公司磁带的风险性，还告诉他们那种想法是站不住脚的。他说："你可能大干一场，以为你是在磁带上储存信息，但是当你设法要把信息取出来的时候，你可能会发现那上面什么都没有！"

沃森不愿放弃打孔卡片，除了它伴随了IBM很多年的强烈感情，还有商业上的考量，新的机器造价极高，采用的是还未被证明的技术，到底有多大的可靠性还无法考量，这也是让他顾虑重重的问题，但是在电子线路急速发展的时候，客户对磁带兴趣盎然，在小沃森的强烈建议下，他终于愿意把一种小型603电子乘法器推上市场，可出乎意料的是，这个比UNIVAC小巧，针对普通打孔机设计的机器，很受顾客欢迎，一上市便订单不断。

603电子乘法器的畅销是小沃森在IBM的第一次重大成功，也是IBM在计算机行业一次次成功的前兆。在此基础上，IBM的电子技术工程师开始研制604的改进型机器。

1948年，各项关于计算机的信息从四面八方传来，小沃森的一个名叫雷德·拉莫特的朋友从华盛顿来信说，他从一个参加全国性的工程学会议的雇员那得知，整个美国有将近19项重大的计算机计划在有条不紊地进行着，并且大多数放弃了打孔卡的使用，选择了新兴的磁带。并且他对计算领域的龙头老大IBM竟然没有积极参与这项研究很是吃惊。

他们也开始收到顾客们关于打孔卡的时代将要结束的警告，人寿保险公司副总裁吉姆·马登，无奈地说："汤姆，你们快要失去同我们的生意了，我们光是储存这些穿孔卡就用光了这栋楼的整整三层，而且情况越来越糟。我们实在吃不消。我听说我们可以采用磁带。"《时代》杂志社的总裁罗伊·拉森也这样说："我们有一整栋大楼堆满了你们的设备，都成灾了。如果你们不能答应将向我们提供新产品的话，我们不得不另寻出路了。"

这么多年，他们不止是顾客，更是朋友，所以，关于打孔卡的言论，这些总裁们并不是直接说给沃森听的，小沃森知道后也没有冒冒失失地去告诉父亲，而是想要找到说服父亲的理由，再去找父亲谈判。他把IBM最出色的18个系统专家组织了起来，成立了一个特别工作小组，讨论是否应该在公司的产品中引入磁带这一媒介。

特别工作小组进行了3个月的分析研究和讨论，最后得出的结论是：打孔卡是会计工作中最适合最好的存在，IBM不应舍弃它而采用新兴的磁带机。但小沃森并不认同这个结果，他敏锐的直觉觉察出磁带将会以很大的优势代替打孔卡在未来世界扎根。他又召集起IBM顶级的推销员，询问他们对磁带的看法，但是一样没有得出想要的结论，也没有得到任何可以说服沃森的东西。

这样的结果让小沃森很是沮丧，他说："我开始了解到，每当你需要采取行动的时候，千万别征求大多数人的意见，即使他们是精英也一样。你必须去感觉世界上正在发生什么事情，然后自己采取行动。"

但在公司，使用磁带的想法还是有人予以支持的，他便是柯克生前最亲密的老朋友——伯肯斯·托克。那时，伯肯斯·托克在一个叫做"未来需求"的小部门里，进行顾客要求分析，谁也没有想到，正是这样一个小人物，在IBM向计算机方面转型时做出了很大的贡献。

事实上，伯肯斯把"未来需求"部变成了一个公司前途的监督机构，他发现很多的客户要求提高运算速度，然而IBM的机器已经达到了速度的极限，再提高打孔速度的话，只会以牺牲打孔机的使用寿命为代价，并且当打孔速度从每分600张变为800张时，卡片本身便会变成无用的碎片。他说："打孔卡注定要被淘汰，我们如不醒悟，也注定要灭亡。客户们要求加快运算速度，而我们所生产的机器的速度已达极限……"

小沃森虽然没有得到说服沃森的方法，但是却很是认同伯肯斯·托克的看法，他得出了这样的结论：无论磁带和计算机是否会派上商业用途，是否会给IBM带来利润，但是IBM一定要了解世界正在发生的事，在电子技术领域发展一日千里的时候，最需要的是雇用一大批的电子技术工程师，好对外界的发展迅速作出反应。

一个新生的东西总是会备受争议，新旧时代的交替总会有各种顾虑和选择，总会存在一个过渡期，在矛盾中淘汰落后的，保留实用的，在这个过渡期里，IBM的内部也存在着种种矛盾和争议，好在，小沃森一直坚持自己的想法。

一个旧的时代要结束了，电子时代来临了。

4. 进入电子行业

IBM的工程师和发明家们大多是跟着沃森打下江山的元老级人物，并没有太多新鲜的血液，他们几乎没有人懂得电子技术，甚至连发明超级计算机的发明家在安装真空管时也是雇用了刚毕业两三年的新人进行操作。

这些发明家们，不懂电子技术，对电子技术也没有兴趣，跟着沃森从未失败过的经历让他们有些眼高于顶，并且那时候打孔机的销量还没有下滑，这些人便认为电子技术没什么了不起，更不觉得自己不了解的领域会有多么伟大，对小沃森对于IBM缺乏电子技术的担忧也是嗤之以鼻，以为他太过杞人忧天。

沃森对磁带的不信任，再加上这些发明家们的不合作，IBM在探索电子计算技术的道路上可谓阻力重重，他们只在波镇哈德森河畔的乡间老宅中拥有一个应用电子技术的实验室，并且该实验室还不得不和其他公司的工程师合用，但是这个实验室研发的小型603型乘法器，由小沃森力主推向市场后，拥有很好的销量。

在1947年和1948年间，这个小小的电子实验室主要进行着603型计算机的改进，并且也开始了UNIVAC式的计算机和磁带的研制实验，但是由于IBM总部将主要的人力和资金都放在了一款大型的打孔机的研制上，便拒绝提供给波镇实验室资金和人力支持，导致进展相当缓慢。

1949年，埃克特的公司被IBM在打孔机方面的主要竞争对手兰德公司收购，IBM还得到消息，兰德公司已经有6台UNIVAC的订单，近期正在准备完成，而这时候波镇的实验室已经成功研制出603型计算机的升级版——604型电子计算机，该计算机也是安装在普通打孔机上的，它也拥有维多利亚时代的大气金属外壳，但是它的内部构造采取的是新的技术，并不陈旧。

并且波镇实验室还推出了一种设计相当漂亮的产品，该产品是把真空管以及辅助线路安装在标准的插入装置中，该标准装置可以批量生产，大大降低了成本，并且保证了每根真空管放进机器之前都可以进行彻底的检查，使更换容易烧坏、出毛病的真空管也变得容易了，这个产品可以保证604型电子计算机的产量，避免顾客抢购时发生缺货。

1948年中期，在小沃森的倡导下，IBM首次推出了604型电子计算机，那时他们的销量估计是"在市场上卖上几百台就够不错的了"，但是，1949年底的安装量已经达到了300台，并且订单源源不断，很显然市场的需求是几千台！

小沃森思前想后，终于决定向沃森摊牌了，他明确表示IBM的产品需要更新换代了，并且粗暴地说："你难道连这点都认识不到吗？用金属敲制成机器的时代已经一去不返。现在你进入了这样一个领域：你得使用示波器，并且了解电子管中的电流和扫描光束理论。你得进行理论性的工作；你得同有才能的人们一起进行这种工作。这些人的背景不同于我们现有的人员；你得雇用工程学毕业生，大批的工程学毕业生。"

IBM的工程设计部门是沃森一手创立的，花费了他很大的心血，也是他引以为荣的地方。听到儿子这样的话，沃森沉默不语，然后通知秘书让负责工程设计的副总裁来办公室，两分钟后，敲门声传来，沃森问该副总裁说："我儿子告诉我，我们没有任何研究组织。这是真的吗？"

不知这位副总裁是顽固的守旧派，还是想要拍沃森的马屁，他很僵硬地说："我们有世界上最出色的研究组织……"听到这样的话，沃森很是满意，与儿子的谈话也就不欢而散，可是没过多久，正在负责财务工作的艾尔·威廉斯拿着一份数字资料敲开了他办公室的大门，他说："沃森先生，我不知道你是否意识到，我们在研究方面落后了。"

沃森接过威廉斯手里的资料，那上面是美国一些像IBM、美国无线电公司、通用电气公司这样成功的公司在研究开发方面的开支，并且还详细列出了比较结果：其他的公司基本上是将3%的收入用于研究开发，而IBM，仅仅是2.25%，很显然，IBM落后了一大截，看到这样的资料，沃森心里一惊，但是他并没有当即表态，只是先让威廉斯出去了。

威廉斯走后，他一直在思考这个问题，他并不是顽固的守旧派，也明白走在时代的前端是企业发展的契机，隐隐约约他明白要开始大力发展电子业务了，第二天，他紧急召开了一次经理会议，在会上他说："先生们，我一直在考虑我们的研究工作；我们在这方面做得不够。我要你们加强这方面的工作。财务大臣威廉斯先生可能会对你们抱怨说花钱大多。不要因此而裹足不前。我希望你们照我说的做。"

从此后，沃森的态度全然改观，IBM开始如火如荼地进行电子业务的发展，这个场面是小沃森最愿意看到的，他在《父与子》中更是坦言："要不是有了艾尔·威廉斯，我不知道父亲和我在工程技术上的僵持局面还要持续多久。"

既然IBM已经决定转向电子行业，工程部的大换血是极其必要的，沃森在思量这件事，小沃森也意识到了这一点。1950年5月，他们一起参加了在恩地科特举行的百分之百推销员俱乐部会议。在乡间俱乐部观看比赛时，小沃森对沃森说："爸爸，我们必须采取行动，扩展我们的研究计划。我认为我们应当从沃利做起。我们的人当中非他莫属。他获得过麻省理工学院的学位，这很重要。我认为我们担任研发工作的那个人没有这种能力，也认识不到有这种必要。"

小沃森提到的沃利，便是恩地科特实验室的负责人沃利·麦克道尔，毕业于麻省理工学院，是IBM为数不多的电子人才之一，并且他工作很有远见，有高瞻远瞩的大将之风，这些都给沃森父子留下了很好的印象，沃森没有丝毫的犹豫，显然在心中早已把他看成合适的人选，他不动声色地对小沃森说："这是个好主意。你过去和他谈谈吧！"

当即，小沃森找到正在网球场边的麦克道尔，问他愿不愿意调到纽约的工程部，并说他可以大量聘用电子方面的工程师，麦克道尔听后问："你说的大量是什么意思？是几十位吗？这我待在这儿就能做到。"小沃森笑着回答："不是，我指的是至少几百人，也许几千人。"

这让麦克道尔大吃一惊，吃惊过后便表示同意公司的调动。就这样，他被任命为工程部的主任，劲头十足地开始电子技术的研究工作，这让IBM在晶体管领域更上了一层楼。另外他还组织了大规模的招聘活动，只要有足够的能力干好工作，不管是美国人、欧洲人、印度人，还是埃及人，他照单全收。在他的努力下，仅仅6年的时间，IBM的技师和工程师便从500人增加到了4000多人，这大大解决了电子技术领域人员不足的问题。

沃森密切关注小沃森和麦克道尔的工作，那几个月的时间，他每天都会让一个小店员在上午11时30分送两盒午餐到麦克道尔的办公室，而他也会在5分钟后准时出现在麦克道尔的办公室，一边询问沃利的工作状况，一边打开一个三明治，因此，麦克道尔也更加信心满满更加精力充沛地进行研究工作。

1950年6月，IBM开始生产电子计算机了，那时朝鲜战争已经爆发了，正在欧洲忙于IBM国际贸易公司的沃森，专门给杜鲁门总统发了电报，表示IBM任凭政府差遣，一切事宜让政府与执行副总裁小沃森联系，而小沃森也派伯肯斯·托克到华盛顿了解战争事宜以及IBM可以提供的帮助，并且表示IBM愿意为政府应付战争专门制造一款计算机，小沃森觉得朝鲜战争是一次很好的机会，如果IBM按照政府的合同制造计算机的话，一定能够锋芒毕露，脱颖而出。

IBM决定投资300万美元，研制充满爱国主义精神的"国防计算机"，这笔费用是在公司历史上的最高花费，是前两年研究费用的总和。投资需要大胆但也需要谨慎地思考，小沃森看着自己的技术人员跃跃欲试的模样，对伯肯斯·托克说："咱们继续干吧。但是我希望你会帮我一个忙。把这些计划书清理一下，然后你和赫德出去试试，看看我们能否找到订购这种机器的订货单。"

然后，在小沃森的指示下，伯肯斯·托克带着赫德走访了他们曾经在华盛顿去过的所有国防工业实验室，对"国防计算机"的新优点进行大力宣传，而他们表示很有兴趣，在不到两个月的时间里，不但接到了11份订单，并且还有10个潜在客户。这个结果让小沃森很是满意，他马上把计划提交给沃森，看到订单前景，沃森也很是满意，爽快地批准了。

计划一经批准，即刻开始进行如火如荼的实施准备，他们彻底摒弃打孔卡，采用速度极快的媒介；他们设法开发从打孔卡向磁带转移资料的技术，设法开发逻辑电路、存储电路、磁带处理装置、记录头等，并且尝试与其他厂商共同开发制造真空管和磁带。

"国防计算机"的研制工作，沃森全权交给儿子小沃森负责。已到迟暮之年的他正为把公司交给儿子做着准备，他想要儿子得到公司的认可和信服，而这无疑是一个很好的机会。他没有给儿子任何的幕后指导，事后也没有任何指责，但他却在计划实施了一半的时候给予了小沃森公开的祝福。在1952年3月与整个董事会一起参观"国防计算机"的样机，又于4月的年会上向股东们高调介绍了该机器。

虽然沃森心里对电子计算机很受重视仍觉不安，但是他并没有向小沃森提及，也没有再对人说过："难道没有人已经告诉这个年轻人，本公司的前途仍然在生产打孔机上面吗？"他知道，以后的世界是磁带的，是电子的，是计算机的，电子和电脑工业时代已经悄然降临。

第九章　人死心犹在

1. 反托拉斯斗争

政府好像对大的企业很是注意，不让它们搞行业垄断，害怕危害民众和国家的利益，IBM慢慢壮大后，开始引起苛刻的杜鲁门政府以及反托拉斯委员会的注意。小沃森说："我和父亲遇到的最棘手的事情莫过于反托拉斯运动了。杜鲁门政府对大企业很苛刻，那时最高法院几乎在每一起反垄断的官司中都大获全胜。"

在美国，几乎每家公司都在使用IBM的设备，只要公司拥有财会部门，联邦政府也不例外，这使IBM的发展速度和利润都十分惊人，税前利润可以高达27%，并且打孔机占据了90%的市场，而IBM的竞争对手却少得可怜，这引起了最高法院的重点关注。二战刚刚结束，便开始派人调查，虽然有时调查没有什么进展，想要不了了之，可是IBM却又申报了更高的赢利数字，便又开始新一轮的调查。

30年前，沃森还在现金出纳机公司任职的时候，曾经因为反托拉斯法锒铛入狱，这是沃森一段痛苦的经历，严重打击了他的自尊，所以当反托拉斯法再次开始找IBM的麻烦，他还是有些不能冷静。他不能明白，IBM既没有利用不良的手段，也没有试图挤掉别的企业，只是凭借优质的产品和杰出的推销员获得发展和顾客的满意，其中连联邦政府都是满意的，为什么要专门制订一项法律来禁止一个伟大企业的壮大与发展？

小沃森说："关于《反垄断法》，父亲最不能接受的一点是，即使你没犯任何过错，法律也认为你有罪。最高法院要制裁我们，就因为他们认为市场上同我们竞争的对手太少了。"沃森不能接受，也不会接受，他发誓无论如何都要斗争到底。

他不惜重金，在当时比较有名的报纸上用一整个版面来赞扬自由企业制度，抨击反托拉斯法；当最高法院来IBM调查时，他光明磊落地告诉政府公司没有任何违法的地方，并且会全力配合调查；他主动把厚重的文件交给政府检查，并且花费大量时间与政府的律师沟通，解释自己的经营哲学以及IBM的经营实践……

他说："如果他们承认我们没有违法的话，最好的方式莫过于把这一事实公开宣布，并在声明中指出我们的宗旨一向是为顾客提供优质服务，以及为职员谋求更高的薪水及其他待遇。"

他希望调查快点结束，好使IBM能够正常地工作，但是一切却非他所愿，调查无休止地拖延着，耐不住性子的他决定让小沃森与司法部长汤姆·克拉克谈谈，试图说服他停止对IBM的穷追猛打，小沃森依言前往，并且他带了一张图表，那是一个用金字塔形式表示的IBM财会系统：

打孔机

加法机　记账机　银行提款机

铅笔和账本

反托拉斯法，反的是那些没有竞争对手或几乎没有竞争对手的企业，小沃森试图用这个图表来说明IBM的竞争对手有很多，财会市场很大，并且像铅笔之类的普通制造纸笔的企业更是很多，IBM只是那个市场的一小部分而已，他告诉司法部长说："我们不是整个垄断势力，事实上，我们所做的还远远不够呢。"

沃森向司法部长明确表示自己不是一个垄断的资本家，他说，即使他有机会去夺得图表中金字塔上的其它办公设施的生意，也会毫不犹豫地拒绝，他也曾经放弃过很多吞并其他企业的机会，像安德伍德打字机公司、爱科特·莫奇利计算机公司等，也放弃了将IBM与出纳机公司合并的机会。

但是金字塔理论并没有说服司法部长，汤姆·克拉克听后说："我们认为打孔机工业是与你所说的那些都无关的行业。"并且，最高法院于1952年1月21日对IBM提出起诉。

沃森请了最好的法律事务所的律师们来名正言顺地斗争，名正言顺地了结官司，但是自19世纪30年代以来，90%以上的反托拉斯案件都以政府胜利告终，而一旦闹上法庭，输了案件后就必须把企业分解成若干个小的公司。小沃森建议他和政府和解，这样就不用分裂IBM，只要稍微放松对市场的控制就可以了，这样可以省掉很多麻烦，但是沃森坚决不同意，因为他认为自己没有错，而如果和解的话就意味着承认IBM是错的，他不想接受这个。

他雇来的律师也主张和解，但是沃森不是那么容易说服的人，尤其是在他不想被说服的时候，更何况，律师们并没有绝对的意志与这位顽固的领导者据理力争。小沃森也只有无奈地说："如果父亲在反托拉斯的问题上表现得更通情达理一些的话，这事儿大概早就解决了。"

沃森就这样与反托拉斯法做着斗争，他不会认输，因为这是他的信仰和价值观的问题。在沃森的世界里，不会因为暂时的经济利益，去扭曲自己的信仰和价值观，但是反托拉斯法，在一定程度上，也确实约束了IBM的发展。

在IBM开始涉足电子计算技术方面的时候，他们有一次绝好的机会能够在电子计算机方面大有作为，但是由于反托拉斯法，他们不得不看着这个机会溜走，跑到竞争对手那边去，那便是无法进行的对埃克特公司的收购案。

1949年，埃克特的主要资助人在空难中丧生，没了资金来源的发明家埃克特与莫齐利前来求助沃森，想要沃森收购自己的公司，但是那时候UNIVAC是IBM寥寥无几的竞争者之一。根据反托拉斯法的规定，沃森不能接管他们的公司，沃森只好对埃克特说："我不应当让你们走得太远。我们没法同你们作出任何安排；让你们以为我们有办法是不公正的。从法律上讲，我们已被告知我们不能这样做。"

埃克特有些失望地站起身来，说了一句"非常感谢你们为我们花费时间"，便离开了，几个月后，便传来了他们的公司被IBM在打孔机方面主要的竞争对手兰德公司收购了。

父子俩对反托拉斯案意见的不一致很必然地变成了两人争论不休的话题，小沃森试着与司法部的律师以及联邦法庭进行协商谈判，沃森虽然知道儿子正在进行的谈判，但是他仍然拒绝在和解的协议判决书上签字。

有一天，小沃森准备前往法庭协商的时候，沃森让他去办公室，那时还有30分钟便到了小沃森与法庭约见的时间，但他以为父亲有重要的事便不敢怠慢，去了沃森的办公室，但是沃森只是让他坐下，并没有说话，继续翻阅着办公桌上的信件。

等不及的小沃森只好对父亲说："嗨，爸爸，我有个约会。"

沃森抬起头来，问儿子："你说什么？"

"我有个约会。我得进城。"

沃森又问小沃森进城去干什么，当小沃森回答是和法官谈谈时，他勃然大怒，大声说："你根本没有资格去谈！你没有干过这种事情！你说你要进城去和法官谈谈是什么意思？"

他与小沃森争得不可开交，他说："好了，年轻人，我打了一辈子反托拉斯法官司。我对反托拉斯法了如指掌。我了解司法部的那些人。在那里很容易说错话。"

那时小沃森也已经41岁，虽然火爆脾气有所收敛，但是仍然和父亲有吵不完的架，他说："爸爸，即使我现在就走，我也得迟到10分钟。现在您要么告诉我您想让我去，我马上就走；您要么告诉我，您不想让我走，我立刻打电话取消约会。"

沃森回答说："不，你去吧。但是不要作出决定！"

小沃森摔门而去，他心烦意乱，但是在走进法庭后，他看到沃森的私人秘书走到他的面前，递给他一张小纸条，上面写着：

100％的信心、感激、羡慕

爱你的父亲

看到这几个字，小沃森热泪盈眶，他知道父亲终于改变了自己的主意，他仿佛听到父亲在自己的耳边对他说："我认识到，在你这个年龄，我不应把你抛弃。"

顽固的沃森确实不容易被说服，但是当他想要被儿子说服时，就要另当别论了，他终于同意签署协议书了。1956年1月，IBM的律师在协议书上签了字，案件终于了结了，虽然这是让沃森痛心的决定，但是，事实上这也为IBM的高速发展铺平了道路，是IBM采取的最有利的行动之一。

2. 退居二线

沃森的后半生，充斥着与儿子小沃森的各种争执，他们已经习惯于此，并且乐此不疲，就连晋升小沃森为IBM的总裁也是一场恶战后的结果。

那是1950年，他把大部分的时间放在成立没多久的IBM国际贸易公司上面，对IBM美国总部逐渐放手，交给艾尔·威廉姆斯和小沃森打理，但是他会时不时地检验总部的工作和发展情况，也会为一些重大的问题作出决策。

每当小沃森和威廉姆斯作出决策时，总是会先告诉沃森的老秘书菲利浦斯，他是沃森父子之间的缓冲剂，也对小沃森的决策表示赞同；但是当他把小沃森的决定传达给沃森时，有时得到的答案却是"这简直太荒唐了"，这让老菲利浦斯很是为难。他对沃森绝对的忠诚，但是夹在顽固的父子之间真的很具有挑战性，虽然小沃森并没有怪罪他，但他还是会担心小沃森的火爆脾气把自己给点着了。

1951年的春天，小沃森全力以赴地为国防计算机的研制与推进而忙碌着，可沃森不时的反对让他很是头疼，牵扯了他很多的精力。有一天，他的火爆脾气再次爆发，他一阵风般地冲进了沃森的办公室，大声吵道："你就让你的秘书做公司总裁好了。他每次都同意我的做法，可是跟你商量了之后，总要再回来推翻他自己的决定！"

沃森并没有与小沃森争吵，而是把他支到自己午睡时的接待室里，然后又把秘书菲利浦斯叫到办公室里问明详细情况，然后他沉吟一下儿，有了决定，便把小沃森叫回办公室，对他说："我们已经决定让你做总裁。"

小沃森以为父亲会把自己训个狗血喷头，两个人又会吵得不可开交，所以沃森这样的决定让他完全没有料到，把惊讶完全表现在了脸上。看到小沃森这样的反应，沃森问："怎么了？这个位子不是你梦寐以求的吗？"

　　这么一句话让小沃森很是沮丧，因为他觉得沃森只是为了避免争执才做出这样的决定，而不是真心如此。其实沃森也很失落，他没再对小沃森说什么，直接出门旅行去了，只是指示菲利浦斯写了封信落实那天决定小沃森做总裁的事宜，没给儿子留下一张纸条，甚至也没说一声恭喜。实际上他还是为小沃森的继任做了一系列的准备。

　　1952年1月，小沃森正式接任IBM总裁，菲利浦斯也升职为公司的副董事长，继续做父子之间的缓冲器，小沃森拥有了更多的自治权，但是重大的财务问题还是要通过菲利浦斯，由沃森决定。

　　1956年，沃森已经是80多岁的老人，他的身体健康每况愈下，这一次他心甘情愿地决定退出IBM的舞台，退居二线，那时的他是一个可爱的老人。

　　1956年2月的一天，那时刚刚解决了反托拉斯的案件，IBM在佛罗里达召开了一次大型的会议，公司的工程师们以及科学家们都会出席这次会议，沃森父子也应邀出席会议结束后的宴会，沃森在宴会开始前的20分钟给工程部的主任麦克道尔打电话说：“大家喝些酒怎么样？”

　　突然接到发布禁酒令的老板这样的电话，麦克道尔很是吃惊，但是还是照办了，于是那天的宴会进行得热火朝天，所有的桌子上都摆放着各种各样的酒。迟到的小沃森看到这样的场面很是吃惊，得知情况后更是吃惊，他在发表致辞的时候，无比幽默地说：“这是一次破天荒的宴会。”引得满屋哄堂大笑。

　　宴会结束后，小沃森专门去了沃森在旅馆的房间，询问父亲这样做的原因，他没想到父亲的回答是这样的：“我不愿当一个老顽固，所以我改变了看法！”

　　这次宴会的消息立刻传遍IBM的每一个角落，这意味着至少要花费几个星期的时间才会在公司上下重新恢复原来的饮酒禁令，这是25年来沃森第一次表现出自己性格中的恶作剧一面，让小沃森跌破了眼镜。他在《父与子》一书中这样写道："这是父亲在25年的时间中第一次表现出他的性格中恶作剧的一面。既然我将成为老板，他就像我的应声虫一样搞恶作剧。"

更加令小沃森吃惊的事是在3个月后，1956年的5月，沃森正式宣布要把总裁的职务交给儿子小沃森。小沃森说："他自愿地并且非常庄重地作出了这一姿态，对我来说这是一件意义重大的事情，因为这是我没有经过争吵就从他那里得到的第一次提升……"

董事会批准后，小沃森去银行买了一堆5元的金币，分发给IBM的董事们，并且发表了讲话，在讲话中，对父亲沃森的感谢溢于言表，他郑重地说："父亲任职期间是IBM的黄金岁月。"接着他还举行了记者招待会。

第二天，《纽约时报》上刊登出了沃森父子亲切握手的照片，并且报纸上记载了沃森的一句话，他说："我不会退休。我只是想把更多的时间用在IBM世界贸易公司上。"只是在不到一个星期的时间里，沃森对迪克也采取了同样的行动，他同样提升迪克为世界贸易公司的总裁，而沃森自己，也正式地退居二线。

那时，他已经是83岁的高龄，健康状况越来越差，严重的胃病深深地折磨着他，这是他想要退居二线的一个重要原因，他在IBM倾注了毕生的心血，如果不是到了不得不离开的时候，他是不会想要退出IBM的舞台的，而能让他放心做出这个决定的，当然是儿子们的成长让他欣慰，小沃森和迪克在他的帮助与锻炼下，都已经是能够独当一面的人物，他能够放心地走向幕后，走下IBM的舞台。

小沃森说："不知什么原因，我觉得父亲会无限期地干下去，就会像他在过去一年里所做的那样，在我身旁为我出谋划策。但是，他的健康状况愈来愈差。"

就这样，沃森心甘情愿地退居二线，没有争吵，再也没有争吵，因为死神已经向他逼近了……

3. 死神逼近

1955年的冬天，沃森一直住在佛罗里达州的公寓里面，那段日子，他总是觉得身体不适，严重的胃溃疡让他不能正常地吃饭，他一生中的紧张工作不知不觉累坏了他的身体，小沃森为他请来了给温莎公爵看病的名医阿瑟·安蒂纽西，他在看完沃森胃部的X光片后说："你父亲的胃部看上去就像马恩战场。"

小沃森回忆说："从我开始记事起，父亲就一直患有胃病。他经常出现消化不良，不断地服用胃药。我小时候经常听到他关着门在房间里大声打嗝，随后又去上班了。有时他还有胃出血的毛病，但是从来不觉得疼痛。他不容许别人说他有胃溃疡，因为按照他看待问题的守旧方式，只有喝酒的人才患胃溃疡，殊不知，25年来他一直是一支接一支地吸雪茄烟，他从来不接受关于紧张可能引起胃溃疡的看法。"

据安蒂纽西医生说，沃森吃不下饭的主要原因是他的胃部有着十分严重疤痕组织的堆积，导致父幽门逐渐关闭，正常吃饭也就变得困难，医生还说沃森的情况其实只需要一次简单的手术便可以修复。但是顽固的沃森坚决不同意接受手术，他对妻子说，当他看到安蒂纽西医生离开他的公寓时，就好像看到医生磨刀霍霍的模样，这让他无法接受手术。

虽然沃森在IBM风风火火地大干了一辈子，但是他也有很多"迷信"般的执念，小沃森也说："他不愿开刀，就像他不愿坐飞机一样。他从来没有做过手术，甚至都没有治疗过折磨他半生的疝气。他只是每天早晨戴上疝带，从不呻吟。"

　　虽然安蒂纽西医生告诉他如果疤痕组织将他的幽门完全的堵塞，他丧命的可能性就变得极大，沃森也因此曾经同意进行胃修复的手术，但是后来当他想到医生磨刀霍霍的模样，便改变了主意。这让妻子儿子乃至医生都很是无奈，因为沃森已经是一个80多岁的老头子，虽然有时候会很可爱，但是他仍然是那个顽固到冥顽不灵的人，在这个问题上没有人能够劝服得了他，或许他觉得IBM已经不需要他了，不用再苦苦支撑几年了，他只是自己想要选择死亡。

　　在《父与子》一书中，小沃森这样写道："到他把公司交给我的时候，他肯定认识到死神在向他逼近。这也许是他决定下台的唯一原因。但是我还认为，他拒绝治疗是他愿意死去。如果迪克和我没有做好准备，如果他仍然觉得IBM完全依靠他一个人，他也许会冒险做一次手术，多活几年。但是，他看到，我把公司管理得很好，而且迪克在国外得到了越来越多的人的承认。我猜想，他心中是说：'这是美好的一生。我想时间差不多了'……"

　　由于没有手术，沃森慢慢失去消化功能，他越来越吃不下东西，只能一直挨饿，急剧地瘦了下来，在一年的时间内掉了二三十磅的体重。到1956年的春天，他已经变成了一个骨瘦如柴的老人了，只能靠输血来维持生命，他每隔三个星期便会去罗斯福医院输一次血，输完血后他就会觉得自己精力充沛，身体也变好了，但是一段时间后，他又慢慢筋疲力尽，直到下一次输血才会觉得活过来了。

　　虽然此时的沃森可谓是被病魔深深折磨着，但是他还是无法安分地闲在家里养病，他的头脑依然十分清醒，依然惦念着奉献一生的IBM。小沃森说："这位老人直到临终仍有惊人的精力。"他有时还是会出席IBM的会议，会进行激情澎湃的演讲，这是他价值的体现，也是他觉得很有意义的事。

有一年，沃森受邀参加IBM在华盛顿举行的销售会议，那次的销售会议是在能够容纳500人的旅馆大礼堂里举行的，当沃森姗姗来迟地步入礼堂的时候，眼尖的主持人看到了坐在礼堂后面的他，在台上用麦克风高声喊着："沃森先生来了。沃森先生，请到主席台上就座，好吗？"

沃森，这位83岁的老人，听到喊声，微笑着站起身来，在别人的注视下挺着腰板走在通向讲台的斜通道上，与会者都站起来不停地鼓掌欢呼，场面越是热闹越是沸腾，沃森腰板挺得越直，步伐也越来越矫健，步子也越来越快，他仿佛年轻了30岁，变成了年轻时的自己。

终于，沃森走到了台阶前，他劲头十足地两步并作一步登上了讲台，在推销员们热情的欢呼声中，他像以前一样发表了干劲十足的演说。他挥舞着拳头，意气风发地高谈阔论，告诉销售员们"必须利用我们面前的重要机会，必须使IBM永远发展下去"，说完，他深深鞠了一躬，缓步走下讲台。小沃森看着这样的父亲，真是百感交集，再也没有人在自己的背后唱反调，再没有人会因为IBM的事与他争吵不休，他说他永远忘不了父亲在这次会议上的意气风发。

1956年，美国政坛开始了新一轮的总统竞选，沃森打开电视机，看着西装革履的政客们反复表演放声大笑，观看这样的竞选是如今的他一大乐趣。那时他神志清醒，也不感觉疼痛，刚输完血的身体也得到了暂时的振作，但是因为不能吃饭，他依然没有力气，他的病越来越严重了。

1956年6月初，小沃森前去看望了沃森，他们谈天说地，小沃森陪着父亲陷入回忆。随后，小沃森与父亲吻别后便前去罗得岛纽波特参加纽波特到百慕大的快艇赛，那时虽然沃森身体有些许不适，但是病情还算稳定。但是在快艇赛的前一天，当小沃森刚做好比赛准备的时候，他接到了母亲的电话："汤姆，我只想告诉你，你还是不去比赛为好。我不能告诉你为什么，你爸爸病得厉害，你不能去。"

小沃森匆忙回到了沃森的身边，那时沃森还十分清醒，看到前来的儿子，眼里含着爱意地说："噢，儿子，真糟糕，你不该错过这场比赛。"

"我只想待在您身边。"小沃森轻声说。

这应该是他们之间最有爱的时刻，因为死神已经逼近了沃森，如今的他已经被该死的胃病折磨得羸弱不堪，仿佛随时闭上眼睛就再也不会睁开。

4.死亡与葬礼

沃森的儿子和女儿们都来了，他们轮流到他的房间探望，坐在床前的椅子上，紧紧地握着他的手，询问他是否难受，他只是微笑着摇摇头，并且握住他们的手，不断地回忆着每一个孩子的往事。他知道自己将要不久于人世，他无比留恋那些开心幸福的回忆和话题，不愿意在伤感与顾影自怜中忐忑不安。而看着儿女们一个接着一个走进丈夫的房间，沃森的妻子有些心疼和伤感地说："你们为什么不让他休息一会儿？"

　　他与每一个孩子都进行了长时间的愉快交谈，除了回忆过往，话题也是极其广泛，可以说无所不包。小沃森说："他谈到了他在我们共事的10年里，对我逐渐产生的信任和他如何知道公司将朝着正确的方向快速前进并且不断发展壮大。随后我们又把话题转到古代家具。他说：'如果你看到一件你喜欢的家具，即使你认为你买不起，也要把它买下来，因为如果你不买，以后你就会后悔了。'"

　　长谈后的第二天，或许已了无遗憾，他陷入了昏迷。儿女们赶紧拨打电话叫来了一位医生，医生检查后说沃森已经心力衰竭，需要马上叫救护车送到纽约的医院，他们赶紧七手八脚忙碌起来。与此同时，小沃森给安蒂纽西医生打了一个电话告知沃森病情告急，可是由于那天是星期天，医生正在谢尔特岛的别墅度假，他只是为沃森在罗斯福医院安排了病房，并叫一个助手前来迎接和帮忙，但是他本人并没有出现。

　　人命关天，沃森的性命可能就在旦夕之间，可是安蒂纽西医生却并没有急速赶来，这让小沃森很是不满。他说："我对他的做法非常不满，因为在那些日子里我不明白（现在我也不明白）为什么许多医生在应该工作，比如半夜里出诊或做其他必要的工作的时候不去工作，而在该休息的时候又不去休息。安蒂纽西当时正在休息。"

　　沃森的胃堵塞已经非常严重，现在做手术已经来不及了，他躺在病床上，有时候清醒，有时候昏迷，但昏迷的时间越来越多；有时候能够认出自己的亲人，有时候又认不出，可是认不出的时候越来越多。他的妻子和儿女看着他闭着眼呻吟的模样，皮包骨的肌肤泛着病态，胃部的肿大隔着被子都可以看出来，心里揪心地痛。安蒂纽西医生说："你父亲快不行了。"

安蒂纽西往沃森的体内插进一根根的管子，在这个过程中，虽然沃森可能不知道，但他即使在昏迷的情况下依然发出一声声的呻吟。小沃森知道父亲不想要这样，也不愿意这样，他急促地握住安蒂纽西的手说："发发慈悲吧！他快不行了。让他安详地去吧！还有希望救活吗？"

"没有，但是我们医生仍得竭尽全力。"安蒂纽西用不带感情的声音说。作为一个医生，已经见惯了生死离别，见惯了死亡的残酷，也就习惯了用波澜不惊的心态去对待。

良久，小沃森用悲伤的语调说："这个，你知道，我已同我母亲和其他人谈过了。我们认为你应该设法使他舒舒服服，不要再给他插东西了。"

安蒂纽西停下了手里的动作，耸耸肩，走了出去，他们停止了抢救。

那几日，沃森在昏昏沉沉与短暂清醒之间度过，每一次醒来看到围绕在床边的亲人关切的眼神，有时会微微笑一下儿，或说两句话便再次陷入昏迷，有时候则什么也没做便再次睡了过去。看到沃森这样痛苦，每个人的脸上都写满了痛苦与阴霾，那是一段难熬的日子，沃森被痛苦折磨着，家人的心也被折磨着，他们不时地去教堂祈祷，不是为了让沃森能够奇迹般地活下去，而是让他不要死得这么痛苦。

小沃森悲痛地说："这位老人以不同的方法博得了子女们的厚爱和尊重。我不能描述出自己的悲哀，但是我感到我的生活有很大一部分将被夺走。他是我立足42年的基石。我对未来有一种可怕的空虚感，要是没有曾与我争论不休的父亲那会怎么样呢？归根到底，世上对我影响最大的莫过于托马斯·J·沃森了。"

沃森住院期间，一张张慰问的电报从世界各地飞来，雪花般地洒满他的房间，但是他已经不能说话，也无法亲眼看到那些关切的言语。当他清醒的时候，小沃森会一遍一遍给他读电报的内容，但是他有时听到了，有时好像又听不到。其中有一封是来自艾森豪威尔总统的，他电报的大致意思是："你的一生是了不起的一生，但是你还应该再做出更多的贡献，祝你早日康复。"小沃森说这份电报沃森好像是听到了。

1956年6月19日，沃森依旧躺在灯光明亮的病房内，妻子和几个儿女守护在他的身旁，他闭着眼睛，头部稍稍抬起，氧气罩也已经摘下。在最后一刻，他感觉耳目清明，可以感觉到亲人都围绕在自己身边，可是他却无法张开双眼，也无法扯出笑容，他深深地吸进一口气，接着又深深地吸进一口气，在那漫长的几分钟内，他呼吸的间隔越来越长，他仿佛看到绚烂的天幕下华丽的城堡，那是天堂，他终于停止了呼吸。

小沃森说："他长长地吸了一口气，这是一次有点儿吓人的呼吸，然后就停止了，好像是说就到这里吧，再也不需要世间的所有关怀了。他再也没有呼吸。"

这是一个悲伤的时刻，妻子和儿女开始低低地哭泣，沃森伴随着婴儿嘹亮的哭声来到这个世界上，也在妻子和儿女悲伤的哭泣中与世界挥手作别。有个医生走进病房，摸了一下沃森已经停止的脉搏，宣布了他的死亡。

他的两位儿子回到办公室，为他的葬礼做最后的安排，他们一致认为，对沃森最沉痛的悼念便是要把他的葬礼安排得如同他在世时IBM的会议一样隆重，他们在公司总部门厅的窗户上挂上沃森的照片，并在周围罩上黑纱，他们一一通知沃森生前的朋友，并且通知世界上所有的IBM工厂停工，并下半旗志哀，他们在《纽约时报》上用4个专栏的篇幅刊登了沃森的讣告……

在讣告中，艾森豪威尔总统发表了声明："托马斯·J·沃森的逝世使我国失去了一个真正的杰出美国人———一个首先是伟大的公民和伟大的人道主义者的企业家。我失去了一位诤友。他的忠告始终体现出对人民的深切关怀。"

葬礼那天，很多的朋友来瞻仰他的仪容，来送沃森最后一程，福克斯公司的董事长斯派罗斯·斯库拉斯、知名企业家伯纳德·金贝尔、联合国秘书长、外交官、公司老板及IBM的普通员工……

那一天是闷热的夏季，天飘着濛濛细雨，但是举行沃森葬礼的布里克教堂挤得水泄不通。"门厅里挤满了人，旁边的小教堂里坐满了人，就连地下室里也站满了人。"小沃森最后看了一眼父亲的遗容，轻轻地盖上了棺盖，牧师沃尔夫博士已经开始念起写给沃森的祷词。

高度赞扬沃森的祷词在整个教堂回响，每个人都沉默着，想着这位曾经的好友、同事、老板，想着他的事迹，想着他取得成功的坚定决心和朴素的作风，想着他对IBM，乃至对整个世界的献身精神，每个人都沉默着，缅怀着，这位IBM的创始人，这位IBM的英雄。

葬礼仪式结束后，他的家人前往墓地把他安葬。沃森的一生长眠于此，只是他不曾被人遗忘，他是受人敬仰的托马斯·J·沃森！

第十章 IBM 征服世界

1. 小沃森的领导

沃森死后，IBM完完全全交到了小沃森的手里，曾经他因为沃森在时对他决策的评价苦恼抓狂，可是当沃森不在了，小沃森忽然觉得身上的担子有千斤重，无形的压力笼罩了他。

他多想再问一下儿沃森："爸爸，这个公司您想怎么经营？"

可是再也听不到沃森的答复，经过一段时间的思考，他想着完全继承父亲的职位和行事方式是愚蠢的，父亲也不会想要如此。他想，沃森的答案也应该是这样的："我不知道，儿子。自从我离开以后，它已经变得这么大了，我不知道怎么搞了。凡是你认为对的，你就干吧！"

当这样想时，小沃森有种得到授权的感觉，也就慢慢释怀了，他开始按照自己的想法对IBM进行管理，只是还有一件事他放心不下，那就是他害怕把沃森奉献一生的公司搞得一团糟。

于是小沃森更加认真慎重地领导着IBM，他把沃森楼上的办公室改成了图书馆，自己依然在楼下的办公室，顶着总裁的头衔工作，另外他邀请母亲加入董事会，接任父亲的职位，以留住那些父亲下属的一片忠心。

小沃森说："一个领导人死后可能发生的最糟糕的事情就是他的追随者失去生机，像机器人一样做事。"于是他在1956年的年底，在弗吉尼亚州威廉斯堡召开了高级经理会议，在那个具有重要历史意义的地方，他进行了人事的改组，更加广泛地划分了权力和责任，"几乎没有一个人的职务跟他前来开会时的职务是相同的"。他还创建了IBM有史以来的第一个自上而下的组织，在3天的时间里，使公司上下脱胎换骨，这便是著名的威廉斯堡计划。

IBM彻彻底底地变成了小沃森的天下，在他的领导下，IBM继续创造着一个又一个奇迹。

小沃森的管理风格是与沃森不同的，他认为IBM不是一个人的，为了让工作更有效率，他还专门组成了一个由15-20名高级经理组成的管理班子。另外，小沃森喜欢提拔语言尖刻、爱挑毛病的人，因为他认为这样的人往往更加真诚，更加精明能干，也更加能够推心置腹，而那些性格柔顺讨人喜欢的助手，更可能成为管理中的陷阱。

是的，他的决定往往是对的，这些不怎么讨人喜欢的人，总是能够给他带来意外的惊喜，取得无限好的成就。另外，为了让整个管理班子拧成一股绳，他利用各种自己能够想到的方式，让员工们相信自己是一个正派的人，是一个有能力的人。

推心置腹地谈话、真诚地劝说道歉、动人心弦地演讲、明确地执行纪律、关爱员工家人以及在他们生病或出事故时表示人道的关怀……小沃森做了许多，在员工面前，他是真诚而亲切的。

一个好的管理者，并不一定需要以一敌百，所向披靡，但却应该懂得如何激励员工。小沃森说："我知道我在智力上敌不过他们，但是我认为，如果我充分利用我的每一种能力，我能同他们不相上下。"

一次，有一位经理决策失误，让公司白白损失了1000万美元。小沃森听说后，便将他叫到办公室谈话，当这个经理畏畏缩缩地敲门进来后，他便开口问道："你知道我为什么叫你来吗？"

经理羞愧地低下了头，他小声回答说："我想是要开除我。"

小沃森听后，哈哈地笑了："开除你？当然不是，我刚刚花了

1000万美元让你学习。"

听到这样的话，经理非常惊讶地愣在了原地。而小沃森则开始安慰他，并且鼓励他继续冒险，最后，经理带着自信和深深的感激离开了小沃森的办公室。

在沃森去世后的两年时间里，在小沃森的领导下，IBM快速发展，并且它的发展速度比历史上任何时候都要快。他们赢得了同雷明顿·兰德公司的竞争，顾客在选择计算机的时候，都会选择不论是机器还是服务都享有盛名的IBM。大多数公司在购买昂贵的计算机时，要经过董事会的批准，著名的《幸福》杂志有篇文章说，"董事会可能不大了解机器，但是他们了解IBM。"可见IBM的深入人心。

1961年，IBM的年收入达到了20亿美元，股票的价值也比5年前整整增长了4倍，那一年，美国共有6000台电脑运转，而其中的4000部产自IBM，电脑出租的年收入也超过了沃森在世时出租打孔机的收入，在小沃森的有效政策领导下，IBM得到了更大的发展，越来越深入人心，人们开始把IBM公司称为"蓝色巨人"。

在这5年里，小沃森以自己的个人魅力和独特的能力，在公司独占鳌头，独领风骚，公司内外越来越多的人明白他代替了沃森，代表着IBM。那一年，他把自己升职为公司主席，董事长一职仍然悬空，而且让阿尔·威廉斯做他曾经的位置，行使总裁职权。

小沃森说："IBM获胜的唯一方式是前进、前进、不断前进。"

为了IBM不断前进，不断获胜，他开始指挥生产"IBM360系统"。"360"即一整圈的意思，它代表该系统极其广泛的应用范围。这是一个全新的电脑系统，完全不同于过去的产品，从工商界到科学界，可以说只有想不到，没有用不到。

只是，开发该系统是很有风险的，《幸福》杂志评论说："这是IBM公司的50亿美元大冒险，从当前商业观点来判断，此项工程现在和将来都有决定性意义，也最具冒险性。"

据数字分析，IBM花费巨大的资金和时间，全力进行新系统的研制，光是工程开发方面的费用就达到了7.5亿美元，并且为此还花费了将近45亿美元建设新的工厂和增添机器设备，又新雇用了6万多名员工。

有记者说，这项投资大于二次世界大战时制造原子弹计划的投资。是的，这项超强阵容的研制计划整整耗时4年。1964年4月7日，"360型系统电脑"被宣告制造成功，那是IBM创立的第五十年，公司再次迈上一个大的台阶。

他们在美国的63个城市和其他的14个国家举行了盛大的记者招待会，小沃森西装革履地站在展台上，向来宾们介绍6种新式电脑和44种新式的配套设备，他自豪地说："'360型系统电脑'是本公司历史上最重要的产品。"

短时间内，订单纷至沓来，到了1966年底，已经有8000台电脑出厂，IBM的年收入超过了40亿美元，比5年前又翻了一番，税前利润也高达10亿美元，小沃森一举为公司创造了巨大的财富，被《幸福》杂志评为"历史上最伟大的资本家"。

2. 小沃森退休

对于IBM来说，1970年是极其艰辛的一年。这一年，它再次遭遇反托拉斯法案，卷入到旷日持久的诉讼案中。并且，这一年正值美国的经济衰退期，受到双重打击的IBM，年增长率迅速下滑，小沃森为此承受着巨大的精神压力，忙得焦头烂额。

他已经56岁了，每天的生活围绕着公司所展开，永远都是拼搏、拼搏、再拼搏，不断地决定如何走出一个又一个的危机，决定如何把IBM向前推进，每天一成不变地参加会议、做报告、参加公司的餐会、巡视工厂、参加公众活动……为了公司，他几乎没有假日，还经常加班加点，在这样苦苦奋斗的15年时光里，他的孤独感也与日俱增，他突然就不明白父亲沃森忙忙碌碌乐此不疲了一辈子的快乐何在，他忽然找不到这样生活的意义。他想道："我不能再这样下去了，事情看来要玩完了。"

这种想法越来越强烈，也使小沃森越来越空虚，越来越痛苦，那段日子里，他开始用酒精麻痹自己，借滑雪划船冲减自己的痛苦，但是一坐在IBM的办公室里，他就觉得神志颓丧。到了1970年，他开始神经衰弱，并且越来越严重，有时候无法控制自己的脾气，周围的同事都说他变得喜怒无常。他自己形容说："好像雪地里行进的汽车，突然就会滑出正常的车道。"

1971年年底，小沃森因心肌梗死住院，当他的医生纽博先生盯着他的眼睛建议说："为什么不考虑现在就退休呢？"小沃森突然不知所措，一整天他都在思考这个问题，为什么不现在就退休呢？他意识到，"管理IBM公司的紧张工作是要付出巨大的精力和代价的。我现在何不就以病光荣引退呢？"

当他这样想的时候，突然感觉豁然开朗，以前的空虚与焦躁通通消失不见，一瞬间轻松下来，他觉得从窗外洒进病房的阳光都分外灿烂，于是他决定只要是在医院待着，就绝不会为公司的事情操心。而事实上，他对IBM人事的改革以及管理班子的设置，不像沃森在世那时，即使他不插手IBM的事宜，IBM也依然会良好地运转，不会因此而崩溃。

一个月后，小沃森出院了，可是迎接他的却是妹妹的葬礼。妹妹那年只有55岁，病魔已经折磨了她很久，现在又带走了她的生命，世界就是这么残酷，小沃森对此很是难过，尤其体味到病痛的折磨后更是感同身受，他说："只有当你经历了心脏病的打击后，你才会发觉自己的身子骨是如此的脆弱。"

那之后，他在家进行了一场身体以及精神上的恢复，两个月后，他回到了IBM，只是这一次，他不是为了工作，而是为了提出退休事宜。他终于想明白了，一辈子真的很短，总要给自己留点时间为自己而活，过自己想过的生活。他说："我希望生活更加丰富多彩，而不是仅和1BM公司打交道。我想父亲是不会做这样的选择的，但他一定会尊重我的选择。"只是他的退休似乎也不是那么容易。

小沃森需要思考由谁来接替他的位子，还需要招架董事会的成员们一次又一次的挽留，有时某位董事来劝说他，"你是1BM公司最有价值的人"，有时又成群结队地来对他说，"你可以随意安排日程以减轻对你的压力"，对此他很是无奈，因为他太了解作为世上最好的董事会之一的IBM董事会，虽然会在董事长工作出现差错时毫不留情地把他赶下台物色新人接替，但是当董事长干得不错时，则会百般挽留，不会推荐新的接班人。

但是小沃森已经做出了决定，并且他认为自己的选择是对的，他开始安排接班事宜。一年前他就决定让法兰克·克莱做接班人，小沃森很是欣赏他，欣赏他的冷静自信以及分析问题的能力，他觉得虽然法兰克与自己的管理风格大相径庭，但是他却是天生的领导者，只是一年前自己预计的退休时间应该是在10年后，因而现在的法兰克只是公司电脑部美国分部的负责人，并没有做出什么骄人的业绩，于是他决定先让58岁工作出色并且资历辈分相当高的利尔森担任18个月的主席和总裁。

1972年6月，小沃森正式向董事会递上了辞呈，如同阿尔退休时那样，他表示依旧同意在董事会执行委员会担任主席，同时关于薪水方面，他也表示愿意在退休后的第一年领与以前一样的全薪，到第二年的时候便领一半的薪水，并且从第三年开始便不再领取薪水，但还是可以在董事会挂职，只是不会再在办公室里为IBM操劳奉献了。

薪水于他并不重要，事实上，自从沃森去世后，小沃森便觉得薪水是无所谓的东西，因为他想从IBM得到的是满足感和认同感。在他心目中，金钱已经不是衡量价值的标准，而现在，自己梦寐以求的日子是他认为的最具价值的东西，他在心里大声地对自己说："我终于如愿以偿开始实现远航的梦想了！"

3. 远航与飞行

远航与飞行，是小沃森一生的爱，只是由于心脏病他已经被吊销了飞行的执照，他的生命中能够践行的只剩下了远航这一个爱好，正如小沃森从小便喜欢的航海杂志《库克船长》中的一段话：

我的命运把我从一个极端世界推到了另一个极端的世界，几个月前我还航行在南半球浩瀚无际的大海中，而现在我却把自己关在小小的格林威治小镇中。对我这样一个心中装着大海的人来讲，这里简直太渺小了。我想我应懂得，这是一个良好的退却，然而又是一个美好的开端。时间将证明。真正退休后，将是一身轻松的我重新扬起风帆去远航的时刻。

他决定重新扬起梦想的风帆，去远航，去大海遨游弄浪，他的医生纽博先生曾经对他说："你要么成为一个心脏病残疾人，总是待在医院附近，准备心脏病第二次发作，好随时被收留住院；要么你忘掉医院的一切，忘掉自己是有病缠身的人。"显而易见，他毫不犹豫地选择了后者，他要和保罗·沃特一起驾船驶向那遥远的新西兰岛，那里没有医院，没有疼痛，有的只是自由的风。

与他们同行的，除了几个年轻人以外，还有小沃森的一位好朋友，他的名字叫做艾德·托伦，是一位优秀的水手，并且曾经在航海大奖赛上获得冠军。当他得知好友兼船长小沃森可能随时因为心脏病发而死去，便在出发前专门去看望了小沃森的医生纽博先生，向他请教一些必要的措施，而纽博医生则拿着一个桔子，认真地教给托伦如何在危急的时刻给小沃森注射吗啡，他们都尊重小沃森的远航计划，并且愿意在自己的能力范围内助他一臂之力。

小沃森知道心脏病发的危险性，也知道心痛发作时有多么的痛苦，他更不想死在海上，死在船里，于是他总是随身携带着吗啡。他说："当我们出海后的每晚睡觉前，我总觉得有些恐慌，担心醒来时处于垂死状态，而周围却找不到医生。"

虽然在广阔的大海中，小沃森逐渐觉得整个身心得到了放松，但是他的心脏病还是不可避免地发作了，那时他们的船正好在新西兰大北岛抛锚了，船员们立刻把他送进岸上的新西兰格林菲尔医院。小沃森虚弱无力地躺在病床上，他突然想到自己如果不能活着回到船上该怎么办？不！他不能不活着回到船上继续自己的旅程！当这样下决心的时候，对心脏病的恐惧统统抛到了脑后，他又缓过了劲儿，回到了船上继续未完成的航程。

虽然气候很恶劣，虽然小沃森的身体依然很虚弱，但是经过一个月全力以赴的奋斗，他们终于到达了目的地，顺利完成了这次远航。在归航的港口，他看到早已等待在港口的妻子奥利夫，他走过去亲切地拥抱住妻子，他的梦再次实现了，他再次遨游于大海之中。

虽然这次远航让小沃森很满足，但是因为心脏病而引起的恶劣心情并没有多少改变，并且恶劣心情转变成了恶劣的表现，这给他的家庭生活带来了很大的麻烦。虽然妻子奥利夫总是力图使丈夫高兴，但是小沃森变得多疑粗暴，稍有些不满意的地方便大喊大叫："你不知道我有心脏病吗？为什么要让我那样做！"

他这样肆无忌惮的指责深深地刺伤了相携走过30多年的妻子。奥利夫忍无可忍直接爆发了，大喊："我再也无法忍受了！"那时，她已经想到了离婚，这不是威胁，而是真的对小沃森、对婚姻失望了，他们的婚姻到了岌岌可危的时候。

这时小沃森终于醒悟了，他用了整整两个星期对自己的所作所为进行了反思，终于意识到自己犯了一个多大的错误，他赶紧回家，想向妻子道歉请求原谅，并使她改变离婚的想法，但是却发现妻子早已离开了他们共同的家，住进了纽约中心曼哈顿的一个套间里。小沃森回忆说："我到处找也找不到她。我写给她的信如石沉大海，打电话也没有回音。很快我们分开的消息在专门散布流言蜚语的小报上登载出来了。"

这一次，小沃森是真的慌了，他拿出一个绝望少年的手段，开始重新追求妻子奥利夫，竭尽全力挽救岌岌可危的婚姻。并且，他找到奥利夫请的最好的女律师，求她帮助自己劝回妻子，他真诚地说："奥利夫在离婚的事情上不会那么死心眼儿的，我希望她能回来，请你能为我们调解。"

这位律师很是直爽，她回答小沃森说："我觉得我可以为你做点事情，我也愿意告诉你我为什么这样做。我记得我当年刚工作担任助理律师去给你父亲送文件的时候，第一次在他的纽约寓所碰到了他。那天晚上下着大雪。他签署完文件后把我送到大门口，叫来了他的豪华轿车，让我坐了进去，然后又在我的膝上盖了一条毯子，这才吩咐司机开车把我送回家。现在看在你父亲的分上，我去劝劝你的妻子。"

即使沃森已经去世了好多年，在无形中，他还是无时无刻不在帮助着自己的儿子，那位律师认真地对奥利夫劝解了一番，虽然奥利夫没有因此就完全消除芥蒂与小沃森破镜重圆，但是也起到了很大的作用。

虽然小沃森一直都在尽最大的努力挽回妻子的心，但是几个礼拜过去了，奥利夫并没有因为这些少年的把戏回心转意，或者她已经回心转意，但是却没有回到小沃森身边。事情的发展往往出乎意料，在小沃森与妹妹海伦在英国访问期间，他的心脏病突然发作了，他以为自己的大限已到，但医生对他说："我猜想你主要是太思念你的妻子了。"

小沃森的秘书把他心脏病发作的消息告诉了奥利夫，终究放心不下丈夫的奥利夫马上赶到了小沃森的病床前，终于，一切冰释前嫌，爱与关心是骗不了人的，两天后，他们相携前往瑞典度二次蜜月。在路上，小沃森给公司发了一份电报："报道说我们离婚的消息纯系夸大其辞，我们现在正前往瑞典去度我们的第二次蜜月。汤姆与奥利夫。"

4. IBM继续起航

小沃森退休后，维恩·利尔森担任IBM的董事长，那时总统尼克松时期的经济萧条已经慢慢过去，IBM在利尔森的带领下，成绩斐然，到1973年初法兰克接替他时，公司资产已经达到100亿美元。

小沃森说："在利尔森担任公司第一把手期间，我的身体也处在康复阶段，我也没有什么失权的感觉。他所做的决策和我的想法往往是一致的，但当法兰克接班后，我则真正感到经过近60年的操劳，沃森'王朝'将结束了。"

法兰克还很年轻，他会在IBM担任8年的董事长，每一个领导者都有自己的处事风格、管理作风。8年，足够使一个公司呈现新的面貌，事实上，小沃森的眼光是独到的，法兰克接任后，公司的发展更加迅速了。

但是小沃森退休后对IBM仍然十分关心，在法兰克刚上任要开展他的新工作时，小沃森要求他与自己两个人去佛蒙特的公寓，推心置腹地谈心，他想要传授给法兰克一些经验，一些如何当好IBM董事长的经验，那是在企业管理的硕士班中学不到的东西，世界上任何一本教科书也不会明确阐述这样的经验，他说："最重要的知识却是父亲传授给我的。"

刚开始，法兰克对小沃森的要求答应得有些勉强，他虽然同意去了，但心里却认为要应付的是一场很难捱的说教，这些都在小沃森的意料之中，因为曾经当父亲沃森想要传授自己经验时，他心里也是这样想的，但是他也知道，总有一天，法兰克会从中受益无穷，并且感激他，在自己退休后，对下一任也会这样做。

他与法兰克进行了深层次的交流，他们的谈话涉及面颇为广泛，从公司的着装规定一直聊到与政治家、报社记者以及其他各方人士的结交，他告诉法兰克曾经父亲的经验，教他要在小事上处处留情，做好小姿态，比如记下员工的生日、亲手写字条送礼物给员工、给他们的太太送花，以及最重要的是，对员工的工作要予以承认和赞赏，从而使IBM这个服务公司，变成一个处处充满人情味的地方。他说："这些事情并不显眼，但十分重要。"

小沃森在《父与子》一书中回忆当时的场景时写道："我没有什么固定的日程安排，我只是把心中的一些想法告诉了他——'行动要像个乞丐，自我感觉要像个国王'。这句话的思想是，你去和别人打交道时，态度要谦虚，要以情感人；外表要独立自主，内里要有自信心，就法兰克来讲，他的行为举止具有这种风范，我则告诉他这样做是正确的。"

详谈过后，虽然他尽量不去影响法兰克，但是小沃森还是不能很快地从IBM完全抽身，一直到1979年，他一直担任公司董事会执行委员会主席一职，起着很好的幕后作用。曾经他在利尔森任职期间，保证了公司的利润增长和成长发展；在法兰克上位的时候，又为他的步步高升至顶峰职务提供了很大的帮助；在法兰克作为董事长期间，他也在幕后提供了很大的帮助，他一直没有离开IBM，直到1979年的1月。

1979年时，新的领导班子已经初具规模，IBM的发展也有目共睹，那时候公司的营业额比小沃森退居二线时整整增加了一半，全年的收入更是每年递增，1973年便达到了110亿美元，这些都让小沃森很是满意.另外，他也十分认可以法兰克为首的领导班子，对人事的调动和行政的管理，以及对产品的改革与创新。他明白IBM已经不是他的时代，他在IBM所挂的职务还可能会给新的领导班子带来坏的影响，他应该功成身退了。

于是，他对法兰克说自己将在100天里不会再来公司了，而他确实在100天里没有在IBM露面，他去过自己的逍遥退休日子，从此以后，他去公司的次数越来越少，慢慢地沃森家族完全退出了IBM的舞台，而IBM，在法兰克的带领下，继续起航，朝着更高更远的方向发展。

说到小沃森退休后的IBM，不得不提的是其对计算机事业的推动作用。IBM建立了银行间跨行交易电子系统，使客户在存取款时有更多的选择；IBM建立了航空业界最大的在线票务系统，方便了飞机票的查询买卖，使航空公司能够及时掌握票务的整体与具体情况；IBM协助美国的太空总署建立了阿波罗11号资料库，还协助其完成了太空人的月球登陆计划……

1981年8月12日，IBM还推出了世界上第一台个人电脑——IBM5150，虽然那时候这个计算机只有16K字节的内存，只可以用盒式录音磁带下载及存储数据，并且有5.25英寸的软件盘驱动器可选配置，这些当然不能与现在的电脑同日而语，但在当时却是最先进的科技，并且催生出了一个叫作"个人电脑"的新市场，可以说，没有那时IBM的"米色盒子"，就没有现在电脑的方便快捷。

生在电脑普及、网络泛滥的21世纪，我们深刻体会到电脑所带来的便利。感谢IBM，感谢沃森，感谢小沃森，感谢给我们这个缤纷世界的所有人。

附录

托马斯·沃森生平

1874年2月17日，沃森诞生于美国纽约州北部。父亲是一个贫困的农民，但是身上具有踏实、淳朴的特质。

因为家庭贫困，沃森受过的教育十分有限。17岁开始，沃森就完全脱离学校，开始了为生存奔波的打工生涯。他曾经在一家五金店工作，帮助老板推销缝纫机。在当时的社会环境下，这是一份不受尊重的工作，他受尽冷眼，但也积累了销售的经验。

直到1895年，沃森决定跳槽到全国现金出纳机公司，并非因为这里月薪平均400美元，而是耳闻老板帕特森是鼎鼎大名的"推销天才"，他想要学习更多的推销方法。

几经挫折，他终于成为帕特森的弟子。在他手下，很多质朴勤奋的青年成长为一流的推销人才。他付出了最大的耐力，越挫越勇，终于懂得如何去推销产品，推销自我。在这家公司，他一路高升，到了1909年，他已经成为公司中地位仅次于帕特森的人。可惜天有不测风云，在他取得成功不久，公司被举报垄断罪，最终帕特森入狱。

沃森获得了保释，并在这时遇到了一生的爱人珍妮特。帕特森变得越来越多疑，开始怀疑沃森对自己不忠心，于是沃森很快辞职，并表示："现在我要去另外创一个企业，一定要比帕特森的还要大！"

马上40岁的沃森坚定了创业的信心，在所有人的嘲笑下，开始了在纽约的闯荡。

在华尔街，他被聘任为计算制表记录公司的经理。在最普通的岗位上，沃森发挥着自已多年来的经验，让公司转亏为盈，业绩迅速上升。

第一次世界大战结束后，沃森适时推出一款新型制表组合机，使得公司销售额直线飙升。沃森也从一个经理，慢慢走上总经理的位置。1924年，他将公司更名为国际商用机器公司，也就是大名鼎鼎的IBM。

30年代初，IBM成为全美最大的商用机器公司。世界的轨迹正在发生着不可估量的变化，数字化已经成为发展趋势，而IBM借着这股东风，踏上了改变世界的征程。几年后，IBM竟超过了其他同类公司的营业额总和，成为最具有影响力的计算机公司。

1949年，沃森宣布将公司事务交给儿子小沃森。1956年，沃森因为心脏病而去世。80年代之后，IBM成为世界上最大的工业公司。尽管他已经离开人间，但他所创立的IBM，及他所代表的IBM精神，仍然延续着传奇。

托马斯·沃森年表

1874年2月17日，沃森出生在美国纽约北部的一个贫困农民家庭。

1895年10月，沃森将目光投向帕特森的全国现金出纳机公司，并努力获得了认可。

1912年2月22日，沃森因为业务问题被起诉。

1913年4月17日，沃森和珍妮特举办了盛大的婚宴。

1914年，进入计算制表记录公司(CTR)任公司经理。

1917年，沃森成功使公司进驻了加拿大市场。

1919年，CTR公司成功进入欧洲市场。

1924年，公司的名字正式由CTR更改为IBM

1930年，IBM业务部门推出了名字叫做"Daily Dial"的新款考勤机，风靡了美国。

1932年，IBM公司就在经济大萧条的背景下，实现销售额突破2000万美元大关。

1934年，著名的405型会计运算机被推出。

1935年，《社会保障法》在美国颁布，各公司对计算设备、统计需求激增。

1936年，美国政府公布了一份全美最高收入者名单，托马斯·沃森以36.5万美元的年收入荣登榜首。

1948年，IBM首次推出了604型电子计算机

1949年的9月，小沃森被提升为执行副总裁。

1952年1月，小沃森正式接任IBM总裁。

1956年6月19日，沃森因病逝世。